남편을 먼저 보낸 사모의 애가(哀歌)
여보, 미안해요!

남편을 먼저 보낸 사모의 애가(哀歌)
여보, 미안해요!

제1판 1쇄 발행 2023년 9월 15일

저　　자	김용경
발 행 인	김용성
기획·편집	박찬익
디 자 인	이명애
제　　작	정준용
보　　급	이대성

펴 낸 곳　요단출판사
등　　록　1973. 8. 23. 제13-10호
주　　소　07238 서울특별시 영등포구 국회대로 76길 10
기　　획　(02)2643-9155
구　　입　(02)2643-7290~1　Fax (02)2643-1877

값 15,000원
ISBN 978-89-350-1980-9　03230
ⓒ 2023. 요단출판사 all right reserved.

신 저작권법에 의하여 한국 내에서 보호 받는 저작물이므로
무단 전재와 무단 복제를 금합니다.

여보, 미안해요!

남편을 먼저 보낸 사모의 애가(哀歌)

김용경 지음

추
모
시

성도현 형제를 보내며…
꼭 그리 서둘러 떠나는 형제여
그럴만한 이유가 있었단 말이오?
왜 어찌하여 무엇때문에 이렇게 가기오?
대학시절 난 그대를 베드로로 불렀소.
그 화끈한 주님 사랑과 다혈질의 액션…
그러다 갑작스럽게 침묵하고 물러서고…
열정과 침묵의 고요 사이… 거기에 있었던
당신은 헤아리기 어려운 하나님의 사람…
당신의 순수는 현실교회에 어울리지 않던

그래서 어쩌면 비현실적 광야사람이었소
저 들에 나가 낙타 옷입고 갈대 모자쓰고
너털 웃음으로 세상을 비웃을 사람이여
그 비형식의 혼을 형식의 그릇에 담고
세상에 적응 하느라 고생 많았소
이제 차라리 일치감치 잘 떠나갔소
저 천국에서 이 열방을 내려다보며
중보기도로 선교의 든든한 지원자로
그리고 당신이 사랑한 가족의 응원자로
그렇게 사역할 당신을 기대하며
눈물대신 박수로 보내 드리겠소
도현 형제여, 그동안 참 수고가 많았소
순수가 생명이었던 주님의 사람이여!

주후 2021년 9월 첫 날에…
이동원 목사

성도현 목사를 애도하고,
가족을 격려하면서…

　성도현 목사는 성품이 착하고 매사에 성실한 목회자이었다. 그에게 주어진 일에 말없이 충성하는 하나님의 일꾼이었다. 대전에서 늘사랑교회를 첫 목회지로 사역을 할 때에도 몸을 사리지 않고 충성하는 모습을 볼 수 있었다. 그때 육신의 연약함을 인정하고 쉬면서 사역을 하도록 인도해 주지 못한 점이 지금 생각하면 그저 한없이 아쉽기만 하다.
　우리를 끝까지 사랑하시는 아버지 하나님은 성도현 목사에게 현명한 여인을 아내로 보내주시었다. 그의 아내는 남편을 아주 편하게 대해주는 현모양처이고, 말없이 남편을 어디든지 따라가서 보필해주는 사모이다.

성도현 목사 부부의 삶은 자녀들에게 좋은 모본이 되었고, 그로 인해 자녀들이 일찍이 성가 하여 행복한 가정을 꾸려 살아가는 모습이 보기 아름답다. 하나님 아버지께서 우리를 극진히 사랑하셔서 생존이나 사후나 우리와 늘 함께 계시는데, 살아있는 그의 가족들은 성도현 목사의 소탈한 웃음소리를 더 듣지 못하는 아쉬움을 숨길 수 없을 것이다.

이제 우리가 배울 수 있는 것은 이별의 슬픔은 누구에게나 찾아온다는 것이다. 그러므로 살아 있을 때 내 주변의 사람들을 더욱 더 사랑하며 모든 것을 참아주면서 살아야 한다는 것이다. 끝까지 너그럽게 사랑으로 대해주지 못한 아쉬움을 가지고 살지 않도록 말이다.

나는 김용경 사모의 글 쓰는 은사를 기뻐하며 주님께서 김용경 사모에게 주신 은사를 따라 앞으로 더욱더 좋은 글들을 써주시기를 기대하며 열심히 주님을 섬기기를 기대한다. 김용경 사모가 쓴 '남편을 그리워하는 슬픈 노래'를 읽으며 "육체가 원래 왔던 흙으로 돌아가고 숨이 그것을 주신 하나님께로 돌아가기 전에 네 창조자를 기억하여라 전도자가 말한다 헛되고 헛되다 모든 것이 헛되다"전도서 12:7-8 말씀이 생각났다.

진심으로 성도현 목사를 추모하면서, 그의 아내 김용경 사모를 격려합니다.

이정희
전 침례신학대학교 총장

성도현 목사를 보내며…

성도현 목사님의
부활을 기리며…

저는 성 목사님을 2012년 4월 서울침례교회에 담임목사님으로 부임하시던 날 처음 만났습니다. 이른바 세상적 인연은 소원하였던 셈입니다. 그러나 성 목사님에 대한 명성은 이전부터 익히 듣고 있었습니다. 대전 늘사랑교회를 개척하고 부흥시킨 참신한 목회자라는 호평으로 당시 신학생들 사이에서 활발하게 거론되던 이름이 바로 성도현 목사님이었기 때문입니다. 더불어 아끼던 제자가 늘사랑교회에서 사역하게 되면서 목사님 근황을 자주 자랑한 덕분에 직접 뵌 적은 없지만 마치 오래된 친구같이 만남을 기대하게 되었습니다.

그 사이 세월이 많이 흘러 각자 맡겨진 사역에 매진하다가 마침내 제가 평생 섬기고 있는 서울침례교회에 담임목사님으로 부임하시게 되어 성도현 목사님을 직접 뵙게 되었습니다. 정작 만나고 보니 우리 둘 사이엔 인간적인 인연이 꽤 많았음을 알게 되었습니다. 성 목사님은 저의 ROTC 후배이자 서울침례교회 후배로 우리는 이미 인연은 닿았으나, 하나님의 섭리와 주어진 소명에 따라 각자의 인생 궤적에서 마주침 없이 달려왔던 것입니다.

성도현 목사님을 뵈면서 느꼈던 심정은 이분이 나이로는 후배인지 몰라도 믿음에선 신앙의 선배라는 확신이었습니다. 실로 성도현 목사님은 제가 만난 수많은 목사님 가운데 가장 순수한 심령을 가진 목회자 중 한 분이셨습니다. 오로지 복음 선포와 사역에만 두 눈을 고정하여 그 어떤 것에도 시선을 빼앗기지 않는 진정한 목회 중심의 목사님이었습니다.

부임 후 성 목사님의 복음 선포에 대한 불타는 사명감과 열방 선교를 위한 거룩한 열정은 곧 서울침례교회 교인들의 가슴에도 전도와 선교에 대한 염원의 불꽃으로 이어졌습니다. 그러나 몇 년 후 너무나 안타깝게도 목사님의 높아만 가던 사명감과 열정에도 예기치 못한 그늘이 생기게 되었습니다. 그렇게 순수하고, 그렇게 진심이던 성도현 목사님의 거룩한 사명감이 육신의 연약함으로 인해 후퇴할 수밖에 없는 상황이 너무도 안타까웠습니다.

그러나 일련의 과정을 통해 "내 은혜가 네게 족하도다 이는 네 능력이 약한 데서 온전하여짐이라"고린도후서 12:9는 말씀이 이루어지는 역사를 서울교회 교인들은 분명히 증거할 수 있게 되었습니다. 육신의 고통에도 불구하고, 육신이 피곤하면 할수록 성 목사님의 부활 신앙의 메시지는 더욱더 강력하게 선포되었습니다. 더욱 힘들어져 가는 상황에서도 썩을 수밖에 없는 육신 대신에 "썩지 아니할, 영광스러운, 신령한, 하늘에 속한 형상"고린도전서 15:42-57으로 다시 거듭

나는 부활의 확신을 더욱더 힘차게 선포하시던 말씀은 교인들에게 큰 은혜와 감동을 주었습니다.

그리고 2021년 가을, 이 땅에서의 성도현 목사님과의 인연은 아쉽게도 종료되었습니다. 그러나 주 예수 그리스도를 구세주로 믿어 형제, 자매 된 자들의 신앙 안에서 우리의 사랑하는 형제이신 성 목사님은 이미 부활 승리하셨음을 믿습니다. 하여 우리 모두의 이야기는 끝나지 않았습니다. 이제 더 이상 육신의 고통이 없는 하늘나라에서 영원한 부활의 영광을 누리심을 확신하므로 기쁨 가운데 저의 후배이자 선배이신 성도현 목사님을 추모합니다.

배국원
전 침례신학대학교 총장

머리말

남편이 스트레스로 목회 현장(순례길)에서 지병을 얻어 쓰러졌습니다. 그 후 그의 육체는 서서히 무너지기 시작했고 오랜 투병 생활을 거친 후, 끝내 천국으로 떠나갔습니다. 황망한 마음으로 남편의 죽음을 맞이하면서 저는 목회자의 스트레스가 낳은 결과가 얼마나 무서운지를 깊이 깨달았습니다.

    남편이 목회하면서 받은 가장 큰 스트레스는 인본주의였습니다. 인본주의는 때때로 교회 안에 건재하는 각종 모임을 통해 자신의 얼굴을 버젓이 드러냅니다. 남편은 그런 비본질에 시달리길 싫어했습니다. 남편이 인본주의에 치여 스트레스를 받아 병을 얻고 죽음의 문턱으로 저벅저벅 걸어가고 있는 그때, 아내 된 사모는 그것이 목회인 줄 알고 그 길을 종용했습니다. 남편의 인간성을 헤아리지 못한 채 사역을 위해서는 어쩔 수 없노라며 남편이 꺼렸던 그 길을 막지 못했던 저의 어리석음을 통탄하면서 저는 남편의 죽음을 맞이해야만 했습니다.

여기 늦은 감이 있지만, 남편에게 미안한 마음 금할 수 없어 남편이 생전에 못다 한 직분을 참회하는 심정으로 그를 회고하며 몇 자 기록해 보았습니다. 한편, 한국교회가 본질에 충실하길 바라는 작은 소망을 머금으며 한 목회자의 쓰러져 가는 과정을 나누고자 합니다. 부디 한국교회가 복음의 본질에 충실하여 이 땅에 부흥의 새바람이 불기를 간절히 소망합니다.

2023년 8월
김용경 씀

차례

- 추모시 _이동원 /4
- 성도현 목사를 보내며… _이정희 /6
- 성도현 목사를 보내며… _배국원 /10
- 머리말 /14

목회의 위기 /23

    목회 중에 쓰러짐
    병원 검진을 받아보세요!
    진료 일을 기다리며
    병원 진료일
    의사의 강제조치
    공동체의 배려
    맏딸, 은혜
    혼자 사색의 날개를 펼치며

2부

지난날의 회상 / 49

소명의 말씀
복음의 일꾼
지극히 작은 자 보다 더 작은 나에게
늘사랑교회
사역의 열매
남편의 지병 발생
교회를 떠나기로 마음먹은 후
자식 사랑, 그리고 부모의 헌신
첫 번째 광야, 오클라호마 땅에서
유학생 교회
정들던 유학생 교회를 떠나다
두 번째 광야, LA 땅에서
새 목양지
청빈 목사의 고충
쉼과 휴식을 찾아서

귀향의 길 / 99

새 힘 얻은 목회자
재발한 남편의 지병
이별의 슬픔과 아픔
한국으로 귀향하다
홀로 살다 병을 얻은 남편
하나님의 사람들
남편의 변화
온전한 복음
예수는 나의 주!
내가 주인 된 자리에서 내려오다
오직 예수!

4부

남편을 보내는 사모의 애가(哀歌) / 135

기쁜 소식들
순전한 복음에 정초한 남편의 목회 비전
평화로운 교회의 정경 스케치
아들의 전화
남편 스트레스
수련회였던 가족 여행
남편의 뇌경색 발병
공동체의 사랑
남편이 입원한 날
수술 시간에
수술을 마치고
연지의 아름다운 마음
은혜의 엄마 사랑
연익의 효심
훌륭한 동역자
2차 뇌경색 발병
3차 뇌경색 발병
설암 발생
설암 재발
남편의 죽음
이동원 목사님의 설교와 시
시 속에 남편의 생애가 펼쳐있다
제자를 떠나보내는 스승의 기도, 이후

남편을 보내는 사모의 애가(哀歌)
남편이 남긴 선물

부록

내가 만난 성도현 목사 / 217

성연익 _ 아들

성대현 _ 동생

이현모 _ 친구

정현권 _ 제자

김기태 _ 후배

김두현 _ 장로(지구촌교회)

김신일 _ 동역자(늘사랑교회)

주민호 _ 동역자(늘사랑교회)

이선옥 _ 집사(세계선교교회)

박 간 _ 안수집사(서울침례교회)

차수정 _ 지휘자(서울침례교회)

이광천 _ 동역자(서울침례교회)

김형윤 _ 선배(목사)

정연택 _ 후배(선교사)

이태웅 _ 은사(한국선교훈련원(GMTC) 초대 원장)

김성로 _ 동역자(춘천 한마음교회 목사)

1부

목회의 위기

목회 중에 쓰러짐

남편이 어느 날 갑자기 쓰러졌다. 하루 아침에 남편은 온종일 침대에 누워 겨우 목숨을 연명해 가는 신세가 되고 말았다. 한 교회의 담임 목사로 활발하게 사역하던 그가 갑자기 쓰러져 눕게 된 것은 결코 하루아침에 일어난 일은 아니었다.

남편이 쓰러지기 3년 6개월 전의 일이다. 남편은 미국 캘리포니아주에 있는 한 교회로부터 담임목사 청빙을 받았다. 그래서 우리 가족은 산호세로 이사를 했다. 남편이 새로운 임지로 부임하던 당시 교회는 이미 영적으로 매우 힘든 상태에 놓여 있었다.

오래전에 충격적인 고통을 받아 씻을 수 없는 커다란 상처가 있었기 때문이었다. 교회는 마치 폭격을 맞은 것처럼 적막했고, 교인들은 파편 조각에 상처 입은 듯 아파했으며 멍든 가슴을 부여 잡고 있는 듯 했다.

이처럼 우리가 부임할 당시 교회 분위기는 매우 무겁고 어두웠다. 그러나 남편은 하나님의 교회를 일으켜 세워 보려는 일념으로, 부임 첫날부터 온갖 발버둥을 치면서 노력을 펼쳤다. 실제로 남편의 일과는 새벽부터 시작되었는데, 새벽예배를 인도하기 위해 집을 나선 남편은 다시 집으로 돌아오지 않았다. 새벽예배 후에 곧바로 목양실로 들어가 계속 교회 일을 돌보며 온종일 사역에만 몰두했다. 저녁이 되어서도 집에 제때 들어오는 날이 드물었다. 밤에는 각 가정을 섬기기 위해 가가호호 심방을 했기 때문이다. 남편은 파김치가 된 상태로 늦은 밤이 되어서야 집으로 돌아오곤 했다. 그는 온통 교회 사역에만 열중하면서 온종일 불철주야 일하며 살았다.

그렇지만 그렇게 수고하고 노력했음에도 불구하고 교회의 모습은 좀처럼 달라지지 않았다. 아무리 기도해도 교회는 변화될 조짐이 전혀 보이지 않았다. 마치 커다란 바위처럼 꿈쩍도 하지 않았고, 냉랭한 분위기만이 맴돌고 있을 뿐이었다.

그러던 어느 날, 몇몇 집사님들이 남편을 찾아와 염려와 근심을 털어놓기 시작했다.

"목사님! 우리 교회는 왜 이처럼 싸늘하게 느껴질까요? 왜 변화도 성숙도 없이 아직도 이 모양일까요?"

좀처럼 변화되지 않는 교회의 모습에 의문을 품었던 집사님들의 고민과 의구심이 담긴 질문이었다. 남편은 그 질문 앞에서 어떤 대답도 하기 어려웠다. 그것을 인정하고 싶지 않았지만, 사실이었기 때문이었다. 그런 현실 앞에서 남편은 큰 무력감을 느꼈다. 변화되지 않는 교회에 관한 책임은 전적으로 담임 목사의 몫이라고 여겼기에 남편은 깊은 근심의 수렁 속으로 빠져들기 시작했다.

그동안 제대로 몸을 사리지도 않은 채 온통 사역에 전념해 왔건만, 그런 뼈를 깎는 노력에도 불구하고 수고의 열매가 전혀 보이지 않으니, 남편은 마침내는 낭떠러지 끝에 놓인 신세가 된 것 같았다. 마음의 고통과 아픔이 점점 깊어가더니 곪을대로 곪아 그는 결국 침대에 눕고야 말았다.

남편은 새벽예배만 간신히 인도한 후, 평상시와 다르게 집으로 다시 돌아왔다. 그리고는 곧바로 침대에 드러누웠다.

산호세 세계선교교회로 청빙 받아 부임한 지 3년 6개월 만에 결국 그는 과로와 스트레스로 쓰러지고 말았다.

병원 검진을 받아보세요!

남편은 예배를 인도하는 일 외에는 거의 집에서 드러누워 지냈다. 침대에 누워있는 남편의 모습을 옆에서 지켜보던 나는 마음이 몹시 불안했다. 저러다가 혹여라도 무슨 일이 생기면 어쩌지? 라는 근심과 걱정이 내게 엄습해 왔기 때문이다. 게다가 예전의 모습과 전혀 다른 남편의 모습을 볼 때면 더욱더 마음이 초조하고 두려워졌다.

날마다 목회를 그만두겠다는 둥 생뚱맞은 소리를 하질 않나? 조금이라도 그를 거스르게 하는 일에 대해서 지나치게 민감하질 않나? 그리고 사사건건 불평과 원망이 입술에 가득했다. 급기야 남편은 '죽고 싶다'라는 입에 담지 못할 말까지 하였다. 그의 언어엔 짜증이 가득했다.

"주여! 어찌하여 제 남편이 이 지경까지 가게 되었나요?"
나는 울부짖으며 남편의 치유를 위해 기도하기 시작했다.

기도하면서 나는 남편에게 병원에 가서 진료를 받아 볼 것을 제안했다. 그러나 남편은 아무런 반응도 보이질 않았다. 매사가 귀찮다는 표정이었다. 차라리 죽게 내 버려두라는 의지가 그의 얼굴에 씌어 있었다. 그래서 하는 수 없이 남편을 강제로라도 진료받도록 나는 집 근처 병원에 성큼 예약해 버렸다. 남편이 병원을 가게 될지 말지는 주께 맡기고 일단 내가 할 수 있는 조치를 한 것이다.

남편을 억지로라도 병원에 보내어 치료를 받도록 해주고 싶어서였다.

진료 일을 기다리며

병원 예약일이 더디게 다가오는 것만 같았다. 그 주간의 토요일 아침이었다. 남편은 새벽예배를 인도하러 여느 때처럼 강대상으로 걸어 올라갔다. 그런데 강대상에 미처 올라서기 전에 그의 몸이 휘청대는 것이다. 머리끝부터 발끝까지 어지러워 몸을 지탱할 힘을 잃었기 때문이었다. 도저히 자신의 몸을 가누기 힘들 지경에 처해 버렸음에도 불구하고, 그는 간신히 강대상에 올라가서 새벽 설교를 끝까지 마쳤다. 병중에서도 맡은 바 임무에 최선을 다해야하는 목자의 책임감! 남편의 그런 모습을 지켜보는 아내 된 나의 마음은 무척이나 안쓰럽고 아렸다.

간신히 설교를 끝낸 남편은 곧바로 집으로 돌아왔다. 그리고는 또다시 침대에 드러누웠다. 그는 온몸이 굳어져 갈 뿐만 아니라, 생각도 마비되는 것 같다는 한마디 말을 남기고 깊은 잠의 수렁 속으로 빠져들어 갔다.

그다음 날은 설교해야만 하는 주일이었다. 남편은 육체가 굳어져 있음에도 불구하고 주일 설교를 하기 위해 강대상에 올라가야만 했다. 평상시엔 몸과 생각이 마비되어 줄곧 침대에 누워 지내던 그였으나 설교 시간만큼은 주께서 그를 붙들어 주셨는지 말씀을 잘 선포할 수가 있었다.

그동안 남편은 설교하는 일을 가장 기쁘게 여기며 살아왔다. 그는 하나님의 말씀만이 세상을 변화시킬 수 있다고 늘 믿었다. 그래서 그는 설교하는 일을 그 어떤 사역보다도 매우 중요하게 여겼다. 그는 강대상에 서기만 하면 위로부터 임하시는 성령님의 충만함이 늘 자신을 덮는다고 누누이 말해 왔다. 그래서인지 말씀을 선포하는 남편의 얼굴을 봐서는 그가 병자라는 사실이 전혀 믿어지지 않았다.

그러나 설교가 끝나자마자 그는 서둘러 집으로 돌아왔다. 그리고 또다시 침대에 드러누워 끙끙 앓기 시작했다. 그는 전혀 일어나지 못할 것 같은 상태로 오랫동안 눈을 감았다.

남편은 이 깊은 수렁에서 과연 다시 일어설 수 있을까?

아니면, 깊은 잠 건너편에 있는 암흑의 손길에 휘감겨 버리는 것은 아닐까? 나는 마음 속에 불길한 생각이 자꾸 떠올라 몹시 불안했다.

병원 진료일

드디어 기다리던 병원 진료일이 다가왔다. 남편은 나의 강요에 못 이겨 예약 시간에 맞춰 억지로 집을 나서야만 했다. 그런데 저녁때가 되도록 남편으로부터 아무런 연락이 없는 것이다. 무슨 일이 생겼나? 한동안 안절부절못하는 중이었는데 드디어 남편으로부터 전화가 왔다.

"여보! 나 지금 응급실에 와 있어! 의사가 피 검사를 여덟 차례나 하더니 곧바로 휠체어에 나를 태워 응급실로 보내더라고! 집에 갔다가 입원 준비하고 다시 돌아오겠노라고 했더니 의사가 극구 반대하는 거야! 혹여라도 그사이에 무슨 일이 생기면 병원 측에서 책임질 수 없다면서 나를 무조건 응급실로 보내는 거야…. 여보! 여기 응급실이야!"

남편의 전화를 받고 가슴이 두근거리기 시작했다. 나는 곧바로 차를 타고 병원으로 달려갔다. 응급실에 도착하니 남편이 휠체어에 앉아 있는 모습이 멀리서 보였다. 그는 창백한 모습으로 허겁지겁 달려온 나를 물끄러미 바라보고만 있었다.

"여보! 괜찮아요?" 만나자마자 나의 눈엔 눈물이 글썽했다. 그러자 남편은,

"의사가 나더러 큰일 날 뻔했대! 당 수치가 매우 높고, 콜레스테롤과 혈압도 높고, 간, 췌장 등 모든 기관이 너무나 약해져 다시 정밀 검사를 해야 한대! 그래서 응급실에 실려 와 이렇게 검사를 받고 있어!"

남편의 얼굴은 핏기가 하나도 없었고 노랗게 들떠 짙은 병색이 감돌았다. 자정이 넘을 때까지 남편은 여러 차례 검사를 받았다. 모든 검사를 끝낸 후에 의사는 결과가 나올 때까지 집에서 기다리고 있으라는 당부를 하고서 일단 남편을 집으로 보내주었다. 검사 결과가 나올 때까지 우리는 집에서 의사의 연락을 기다려야만 했다.

의사의 강제조치

진료를 받은 지 닷새 후에 드디어 병원으로부터 연락이 왔다. 남편은 진단 결과를 알아보기 위해 의사를 찾아갔다. 그리고 병원에서 집으로 돌아와, 검사 결과가 궁금해서 잔뜩 긴장하고 있던 내게 자세히 설명해 주었다.

의사는 남편에게 매우 심각한 표정을 지으며, 하마터면 큰일 날 뻔했다고 놀라더라는 것이다. 당뇨 수치가 700까지 올라가 매우 위험했고, 혈압과 콜레스테롤의 수치도 상당히 높은 위험수치라고 했다.

그는 평소에 늘 기운이 없어 축 늘어진 상태로 지냈었고,

몸이 무기력해져 항상 피곤해했다. 또 걸으면 다리가 아파, 오래 걷지도 못했다. 또 오래전부터 근육 마비증세가 있었는데 그는 거의 왼쪽 팔다리를 사용하지 못하고 있었다. 그래서 교회에서 축도 시간에 그는 왼쪽 팔을 들지 못해 오른 팔로만 축도해 왔었다. 그런 육체적 현상뿐만 아니라 그에게는 또 마음의 질병인 우울증 증세도 현저하게 나타나고 있었다.

그런데 의사는 남편에게 나타난 모든 증상이 스트레스 때문이라고 하면서 남편에게 충분한 요양이 절대적으로 필요하니 무조건 쉬어야 한다고 엄하게 경고했다고 한다. 그리고 '두 달간' 꼭 휴식을 취하라는 지시를 했다는 것이다. 그리고 휴식 후에 다시 남편을 보자고 하면서 두 달 분량의 약을 처방해 주었다고 한다. 또한 의사는 남편에게 절대로 스트레스를 받으면 안 된다고 거듭해서 간곡히 당부했다고 한다.

병원에서 돌아온 남편의 이야기를 나는 그저 묵묵히 듣고만 있을 따름이었다. 그나저나, 목회하는 남편이 어떻게 스트레스를 안 받을 수가 있단 말인가? 목회 자체가 스트레스인데 말이다! 수많은 사람을 상대해야만 하는 목회를 하면서 어찌 스트레스를 받지 않고 사역할 수가 있단 말인가?

이는 도저히 불가능한 현실처럼 느껴졌다. 다시는 스트레스를 받지 않도록 조심하라는 의사의 충고에 나는 어떻게 처신해야 할지 도무지 알 수가 없었다.

이런저런 생각이 머리를 스치던 중, 나는 갑자기 남편이 불쌍해 보이기 시작했다. 그동안 목회를 잘해보려고 온갖 노력을 펼쳐 왔었으나, 그 결과로 얻은 것은 '병'뿐이었으니…. 그런 남편이 마냥 가엾어 보였다. 그리고 병든 남편을 위해 아내로서 뭔가를 결심하지 않으면 안 될 것 같은 심정을 느꼈다. 그래서 곧 남편에게 그동안 마음에 품고 있었던 생각을 토해냈다.

"여보! 처자식을 위해, 아니 먹고살기 위해 목회한다면 차라리 그 사역을 그만두세요! 나와 애들은 하나님이 책임지실 터이니 우리 걱정일랑 마시고 이제부턴 당신 몸부터 챙기면서 사세요!"

평소에 품고 있었던 나의 진심을 남편에게 고백했다. 무거운 사역의 짐으로부터 남편을 자유롭게 해주고 싶어서였다. 그리고 또한 이 기회에 우리가 목회하는 동기와 목적이 무엇인지를 새삼 점검하고 싶어서였다. 주님을 사랑하여 주님의 명령에 순종해서 하는 목회가 아니라면 주께서 기뻐하실 리가 없을 것이다. 또 사역을 통해 자기만족을 이루는 자기 목회도 주께서 원치 않으실 것이다.

    그나저나, 의사의 조언처럼 남편에겐 장기간의 쉼과 요양이 절대로 필요했다. 하지만 나는 그 방법을 몰랐기에, 어찌해야 할지 고민하면서 기도만 하고 있었다.

공동체의 배려

　　　　　담임 목회자가 지병으로 쓰러졌다는 소식이 온 교우들에게로 퍼져나갔다. 교회의 집사장은 담임 목사의 근황과 관련한 임시 제직회를 하겠노라는 내용으로 모든 제직들에게 공문을 보냈다.

드디어 제직회가 개최되던 날이다. 회의실로 들어가려는데, 집사장이 남편에게 다가와, "목사님! 두 달간 쉬십시오!"라고 귀띔하는 게 아닌가! 하나님께서 집사장에게 두 달간의 휴식 기간을 미리 말씀하신 것처럼 말이다. 집사장은 제직 회의를 통해 그 의견을 내 놓았고 별 다른 이견없이 드디어 두 달간의 병가가 결정됐다. 하나님은 이렇게 남편에게 휴가를 제공해주셨다.

두 달간의 휴가! 주께서 허락하신 기간이라고 우리 부부는 믿었다. 하나님의 방법은 섬세하시고 자상하셨다. 우리 부부는 주님의 신실하신 손길에 깊은 감사를 드렸다. 그 후, 우리 부부는 휴가 기간을 가장 효율적으로 사용하기 위해 어느 곳에서 지내야 할지를 주님께 간구하기 시작했다. 그러던 중 어느 지인으로부터 모 기도원을 소개받았다. 그곳은 산수가 좋고 아주 조용한 요양지로 치유와 회복에 매우 적합한 장소라는 것이다. 우리는 곧 그리로 휴가 장소를 정했다. 그곳은 캐나다 국경선 바로 밑의 벨링헴이란 지역에 있는 기도원 겸 요양원이었다.

그곳에서 건강을 회복한 후 우리는 고국을 방문하자는 계획을 세웠다. 한국에는 우리 속마음을 털어놓을 수 있는 가족과 친구, 선배 그리고 지인이 많았고 그리스도 안에서 막힘없는 친밀한 교제를 통한 안식이 몹시 그리웠기 때문이었다. 주께서 우리를 최선으로 인도해 주시리라 믿고 우리 부부는 영·혼·육의 치유를 위한 두 달간의 병가 및 휴가 계획을 치밀하게 세웠다.

맏딸, 은혜

휴가 일정과 여행 목적을 야무지게 계획하긴 했으나 우리 부부에겐 큰 난제가 놓여 있었다. 교회 사역은 부 교역자에게 위임한 상태여서 큰 걱정은 되지 않았다. 그러나 문제는 우리에겐 아직도 부모의 손길이 필요한 어린 자녀들이 있었다. 우리 가족만 단출하게 외국에서 살다 보니 아이들을 부탁할 수 있는 친지가 주변에 없었다. 게다가 또 하나의 큰 문제는 오랜 휴가 동안 우리 부부가 객지에서 함께 머물 만큼의 경비도 없던 터였다.

따라서 처음에 남편과 함께 휴가를 떠날 계획을 했던 나는 그만 걱정이 앞서 마음이 흔들렸다. 그래서 고민 끝에 하는 수 없이 내가 여행을 포기하기로 마음먹었다. 병든 남편을 홀로 여행을 보내려니 왠지 마음이 착잡해졌다. 그런데 샌프란시스코에서 대학을 다니며 자취를 하던 큰딸, 은혜가 마침 방학을 맞이하여 집으로 돌아오게 되었다.

"엄마! 편찮으신 아빠 홀로 여행 보내시면 절대로 안 돼요! 아빠 곁엔 엄마가 꼭 계셔야 해요! 내가 방학 동안 집에서 동생들을 돌볼 테니까 엄마는 애들 걱정하지 마시고 아빠와 함께 휴가 다녀오세요!"

맏이는 하늘에서 내려주신다더니! 은혜가 제법 맏이다운 말을 하는 것이었다. 은혜는 그동안 자취를 해왔기 때문에 살림도 곧잘 할 줄 알고 또한 요리 솜씨도 제법이다. 은혜가 동생들을 돌봐 주겠노라며 적극적으로 응원하니 왠지 마음이 가벼워졌다. 은혜의 간곡한 부탁으로 나는 용기를 얻어, 남편과 함께 여행길에 오르기로 다시 마음을 정했다.

여느 저녁때처럼, 가족이 다 함께 거실에 모여 가정 예배를 드렸다. 그리고 3남매와 함께 기도 제목을 나누며, 중보기도 하는 시간을 가졌다. 큰딸, 은혜는 계속 아빠와 엄마를 위로하였다. 그리고 집 걱정일랑 추호도 하지 말라고 계속 내게 당부하였다.

둘째인 아들 연익이는,

"아빠, 엄마의 여행 경비를 하나님께서 주실 테니 걱정하지 마세요! 기도로 밀어드릴게요!"라면서 우리 부부를 응원해 주었다.

중학생인 막내딸 연지도,

"엄마는 우리 걱정하지 말고 아빠만 신경 써 주세요!"라면서 또 나를 안심시켜 주었다.

그리고 세 남매가 아빠와 엄마를 위해 간절히 중보기도 해주었다. 우리를 위해 합심하여 기도하는 세 남매의 모습을 지켜보니 마음이 홀가분해지면서 뿌듯해졌다. 이렇듯 자녀들의 축복 기도를 받으니 부모로서 마음이 어찌나 흡족해지던지! 그러자 갑자기 담대한 마음이 들었다. 그 후 우리 부부는 믿음의 발걸음을 내딛기로 드디어 마음을 굳혔다.

그때, 장기 휴가를 허락하신 주님께서 우리의 필요를 모르실 리가 없을 텐데… 라는 생각이 들었고 주께서 어떻게 인도하실지 또한 기대되었다. 그 후, 결국 여행 경비도 주께서 교회를 통로로 여러 모양으로 공급해 주셨다. 그동안 괜한 걱정을 했던 나의 믿음 없는 모습이 몹시도 부끄러웠다.

혼자 사색의
날개를 펼치며

　

드디어 휴가를 떠나는 날이다. 목적지인 '벨링햄'(워싱턴 주)까지는 1,500km 거리다. 우리가 비행기를 이용하지 않고 자동차를 선택한 이유는 경제성과 편리성을 고려했기 때문이기도 하지만 한편으로는 남편을 위해서이기도 했다. 평소에 남편은 운전하며 여행하기(로드 트립)를 무척 좋아했기 때문이었다.

아침 일찍 일어나 행선 길에 오르니, 남편의 기분이 좋아 보였다. 우리 차는 산호세를 벗어나 5번 고속도로를 타고 북쪽을 향해 줄기차게 달렸다.

"아빠 곁엔 엄마가 꼭 계셔야 해요!!"라던 의젓한 맏딸, 은혜의 목소리가 나의 귓전을 맴돌았다. "아빠! 엄마! 하나님이 함께 하시도록 기도할게요!"라던 든든한 아들, 연익이의 모습도 생각났다. 그리고 "엄마는 우리 걱정일랑 말고 아빠만 신경 써 주세요!"라던 기특한 막내딸, 연지의 모습도 떠올랐다. 이처럼 자녀들로부터 위로와 격려를 받고서 출발한 우리의 발걸음은 매우 가벼웠고, 비록 남편은 병든 몸이었지만 얼굴에는 기쁨이 가득했다.

남편은 아픈 몸인데도 불구하고 온 힘을 다해 운전하였다. 그가 좋아하던 운전을 하게 돼서 그런지 병색이 짙던 얼굴이 왠지 환해 보였다. 그러나 서너 시간을 운전하던 남편이 피곤했던지 금세 운전대를 나에게 맡겼다. 아마도 병으로 인해 운전이 힘들었나 보다. 나는 남편과 자리를 바꿔 곧바로 운전석에 앉았다. 그런데 남편이 조수석으로 자리를 옮기자마자 이내 곯아떨어지는 것이다. 그런 모습을 모면서 나는 남편의 병세가 심하다는 사실을 새삼 깨달았다.

병든 남편은 깊은 잠의 수렁에 빠진 듯 계속 잠만 잤다. 나는 침묵 가운데 줄곧 운전만 하다가, 어느새 혼자만의 사색에 빠져들었다.

'남편이 어쩌다 이렇게 병든 신세가 되어 버린 걸까?'라는 생각이 불현듯 떠올랐다. 갑자기 남편이 쓰러지는 바람에 경황이 없어서 미처 그러한 생각을 할 겨를도 없이 지냈던 터였는데, 왠지 그동안에 겪었던 일들의 원인이 궁금해지기 시작했다. '남편은 목회 현장에서 왜 스트레스를 받았던 것이었을까?'라고 생각하면서, '남편이 그동안 목회하면서 받은 스트레스는 과연 무엇이었나?'라는 생각이 꼬리를 물고 계속 떠올랐다.

그러자 과거의 추억이 주마등처럼 떠오르더니, 지나온 날들의 발자취가 나의 뇌리를 수놓기 시작했다. 그리고 우리 부부가 소명을 받았던 젊은 시절로 생각이 거슬러 올라갔다.

2부

지난날의 회상

소명의 말씀

내 나이 22살 때의 일이다. 하나님을 빛으로 만난 후, 몇 달 안 되었을 때였다. 도서관에서 성경을 읽다가 참 희한한 사건을 경험했다. 에베소서 말씀을 읽던 중이었다. 3장 8~9절 말씀을 읽는데 그 말씀이 너무도 진한 감동으로 내게 다가왔다. 그 말씀은 자신이 복음 전파를 위해 택함을 받았다는 사도 바울의 고백이었는데 당시 갓 거듭난 나로서는 도무지 이해하기 힘든 어려운 말씀이었다. 그러나 그 말씀에 대한 감동이 하도 커서 나도 모르는 사이에 저절로 그 말씀을 외우게 되었다. 그리고 오랜 세월 동안 나는 그 말씀에 사로잡혀 살았다. 거의 3년 동안을 하루도 빠짐없이 그 말씀이 나의 뇌리를 떠나지 않았다.

> "모든 성도 중에 지극히 작은 자보다 더 작은 나에게 이 은혜를 주신 것은 측량할 수 없는 그리스도의 풍성함을 이방인에게 전하게 하시고 영원부터 만물을 창조하신 하나님 속에 감추어졌던 비밀의 경륜이 어떠한 것을 드러내게 하려 하심이라" _에베소서 3:8-9

아침에 일어나자마자 가장 먼저 그 말씀이 떠올랐다. 길을 갈 때도 그 말씀이 떠올랐고, 교회에 갈 때도, 학교에 갈 때도, 친구들과 수다를 떨 때도, 집으로 돌아오는 길에서도, 그리고 밤하늘의 별을 볼 때도 그 말씀이 떠올랐다. 그 말씀이 떠오를 때마다 내 마음이 불덩이처럼 뜨거웠다. 그 말씀을 묵상할 때마다 나는 깨달았다. 주께서 왜 부족한 나를 구원하셨는지를…. 모든 성도 중에 지극히 작은 자보다 더 작은 나에게 이 은혜를 주신 것은 측량할 수 없는 그리스도의 풍성을 이방인에게 전하게 하려 하심이었다.

또 그 말씀을 암송할 때마다 나는 발견했다. 주께서 왜 부족한 내게 큰 은혜를 주셨는지를…. 영원부터 만물을 창조하신 하나님 속에 감추었던 비밀의 경륜이 어떠한 것을 드러내게 하려 하심이었다. 그 말씀은 결국 내가 살아가야 할 존재 이유가 되었고 내 삶의 목표가 되었다. 이처럼 에베소서 3장 8~9절 말씀에 온통 사로잡힌 채 3년이란 세월이 훌쩍 지나갔다.

복음의 일꾼

그 와중에 뜨거운 형제(성도현)를 소개받아 만났다. 그는 복음의 열정으로 가득 차 눈빛이 총명한 형제였다. 그는 대학 3학년 때 요한복음 21장 15절 말씀을 통해 소명을 받고 주님께 헌신한 형제였다.

"…예수께서 시몬 베드로에게 이르시되 요한의 아들 시몬아 네가 이 사람들보다 나를 더 사랑하느냐 하시니 이르되 주님 그러하나이다 내가 주님을 사랑하는 줄 주님께서 아시나이다 이르시되 내 어린양을 먹이라 하시고" _요한복음 21:15

성도현 형제는 위 말씀을 늘 심중에 품으며 주님을 뜨겁게 사랑하던 하나님의 사람이었다. 그래서 '나의 어린 양 먹이라'는 찬양을 늘 입에 달고 살았다.

> "네가 날 사랑한다면 나의 어린 양 먹이라
> 울며 일하라 들에서 나의 어린 양 먹이라.
> 너도 그 패지 그렇지 묻는 계집종 속였네
> 주를 부인한 이튿날 예수님 돌아가셨네.
> 닭의 울음을 듣고서 그는 울었네 알았네
> 우리 죄인들 위하여 귀한 보배 피 흘렸네.
> 네가 날 사랑한다면 나의 어린 양 먹이라
> 울며 일하라 들에서 나의 어린 양 먹이라"

이 찬양을 부르며 그는 복음을 향한 열정에 사로잡혀 캠퍼스에서 주님을 증거하던 형제였다. 그는 거듭나자마자 말씀을 증거하여 뭇 영혼들을 예수님께로 인도했고, 주님의 제자로 키우는 복음의 일꾼이었다.

지인으로부터 성도현 형제를 소개받아, 처음 만나던 날이었다. 나는 심중에 늘 간직하던 나의 소명 말씀인 에베소서 3장 8~9절 말씀을 그에게 얘기했다. 그때, 성령께서 역사하셔서 그 말씀이 형제의 영혼을 흔들었다. 그 말씀이 성도현 형제에게도 임했다. 그 순간 그는, 자신이 오랫동안 찾았던 배우자를 만났다는 확신을 하게 되었노라고 훗날 내게 고백했다.

아무튼 그날 이후 우리의 사귐은 자연스레 이어졌고 오랜 교제 끝에 마침내 결혼에 이르렀다. 이처럼 에베소서 3장 8~9절 말씀은 우리가 결혼하게 된 동기와 목적이 되었고, 또 우리 부부를 사역자로 부르신 소명의 말씀이 되었다.

결혼 후에도 남편은 '주님을 사랑한다면 어린양을 먹이라'는 예수님의 명령을 늘 잊지 않고 살았고, 또한 우리 부부를 향하신 소명의 말씀인 에베소서 3장 8~9절 말씀을 늘 기억하며 살았다. 그러던 중, 첫딸(은혜)을 낳은지 얼마 안 되었을 때였다. 당시 직장에 다니던 남편은 주님의 소명에 온전히 순종하고자 신학을 공부하기로 마음을 먹었다. 자신의 삶 속에 깊이 개입하셔서 관여하시는 주님의 음성을 듣다가 어느 날 과감한 결단을 내렸다. 그리고는 대전에 있는 침례신학대학원(M. Div.)에 입학했다.

그는 마침내 목회자의 길을 선택했고, 이제 그 길을 걷기로 다짐했다. 그의 심령은 영혼 구원의 사랑으로 가득 차 있었다. 영혼을 구원하여 주님의 제자로 세우려는 사명으로 가슴이 늘 뜨거웠다. 그는 '주님을 사랑한다면 주님의 어린 양을 먹이고 키워야 한다'고 늘 믿으며 살았다.

지극히 작은 자 보다
더 작은 나에게

'모든 성도 중에 지극히 작은 자보다 더 작은 자'에게 은혜를 주신 하나님의 섭리가 놀라웠다. 하나님은 결국 우리 부부를 사역자로 부르셨다. 주께서 바닷가의 모래알보다 더 많은 사람 중에서 그리고 밤하늘의 무수한 별보다 더 많은 사람 중에서 우리를 택하시고 부르신 이유는 절대로 우리가 잘나서가 아니었다. 우리는 아무런 조건과 자격도 전혀 갖춘 자가 아니었다. 오히려 우리는 너무나 부족해 주님의 은혜가 아니면 도저히 살 수 없는 작은 자였다.

그래서 우리는 아침마다 경건의 시간을 가지며 주님의 음성에 귀 기울여야만 했다. 왜냐하면 하나님의 음성을 듣지 않고서는 하루도 견디지 못하는 심령이었기 때문이었다. 주님은 우리가 하늘로부터 오는 공급이 없이는 도저히 살 수 없는 아주 작은 자임을 뼛속 깊이 깨닫게 해 주셨다. 즉 전능하신 하나님의 앞에서 자기 부족과 자기 한계를 인식하게 하셨는데 그것은 우리가 '모든 성도 중에 지극히 작은 자보다 더 작은 자'라는 사실을 깨닫게 하기 위해서였다. 그래서 경건의 시간을 통해 간절히 주님을 사모하며 주님의 음성을 구했다.

경건의 시간을 가질 적마다 하나님은 우리에게 늘 세밀한 음성으로 말씀해 주셨다. 우리 부부는 각자 받은 말씀을 함께 나눴다. 그리고 주신 말씀에 순종만 할 뿐이었는데 주님의 임재가 나타났고 말씀의 역사가 나타났다. 이처럼 경건의 시간에 성경을 통해 들려주시는 하나님의 음성은 늘 우리의 양식이 되었고, 우리 영혼의 등불이 되었다.

드디어 남편이 신학대학원 공부를 마칠 때가 되었다. 그즈음에 그는 선교를 지향하는 교회를 개척하고자 하는 열망으로 마음이 가득하였다. 남편은 십자가의 복음이 열방으로 전파되길 간절히 소망했다. 그는 영혼들을 주께로 인도할 뿐만 아니라, 그들을 통해 하나님 나라를 확장하려는 소망으로 가슴이 벅차 있었다. 그래서 남편은 열방으로 복음을 증거하는 선교적 비전을 품고서 목양의 첫 발걸음을 내디뎠다.

늘사랑교회

하나님께서 남편을 통해 처음 개척하게 하신 교회는 '늘사랑침례교회'였다. 교회가 위치한 대전 대덕연구단지는 일종의 특수 목회지라고 불릴만한 곳이었다. 왜냐하면 성도들이 주로 이공계 계통의 석·박사들로, 연구원·교수 등 특정 분야에 종사하는 사람들이 대부분이었기 때문이었다.

지극히 작은 자보다 더 작은 자인 우리 부부를 한국의 두뇌들이 모인 과학 연구단지로 보내셔서 늘사랑교회를 세우도록 인도하신 하나님의 경륜은 놀라웠다. 남편은 생명력 있게 복음을 전하기 위해 온갖 노력을 기울였다. 특히 그는 자신의 모든 열정과 에너지를 말씀을 전하는 일에 온통 집중했다. 남편은 일주일 내내 설교를 준비하고 묵상하는데 모든 시간을 투자했다. 그는 말씀을 전할 때마다 한량없는 성령님의 임재가 자신을 덮는다고 종종 말했다. 또한 주님은 매주 남편이 설교할 때마다 성도들의 마음을 감동케 하셨다.

그러자 신기한 일들이 생겨났다. 설교 도중에 나타나는 성령의 역사는 뭇 영혼들에게 은혜를 끼쳤을 뿐만 아니라 큰 위로와 소망을 주어 심령이 변화되고 치유되는 것을 경험케 하셨다. 그래서 많은 성도가 "성도현 목사님의 설교를 계속해서 들었을 뿐이었는데 온전한 내적 치유가 일어났어요!"라며 성령님의 만져 주심에 매우 행복해했다. 이로써 우리는 사역 초창기에 주님께서 남편에게 말씀 전하는 은사를 부어주셨다는 사실을 알게 됐다. 주님께서 남편에게 말씀의 은사를 주신 이유는 십자가의 복음을 열방에 전하게 하려는 의도라고 우리는 생각했다. 따라서 남편은 주께서 주신 은사로 열심을 다하여 교회와 열방 가운데 복음을 힘있게 선포했다.

주님의 부르심요한복음 21:15과 소명에베소서 3:8-9을 좇아 개척한 늘사랑교회는 영혼들을 좀 더 효율적으로 섬기기 위한 구체적인 실천 전략을 세웠다. 그것은 곧 선교와 구제, 교육이라는 공동체가 함께 정한 교회의 공동 목표였다. 이 표어 아래 늘사랑교회는 서로 마음을 합쳐 성령으로 하나 되어 갔다. 늘사랑교회 성도들은 자신을 주님께 드리며, 서로 사랑 가운데 격려와 위로를 아끼지 않았다. 그 결과 교회는 점점 더 강건해지고, 더욱더 성장해 갔다.

이처럼 선교와 구제, 교육이란 목표를 정하고 성장해 가던 늘사랑교회는 개척한 지 2년 만에 중앙아시아로 첫 선교사(주민호 선교사)를 파송하는 열매를 맺었다. 그 후 10년 동안 파송 선교사 11가정, 협력선교사 23가정을 파송하게 되었다. 그뿐만 아니라 미자립 교회 목회자들을 돕는 사역도 활발하게 진행했다. 또 재활원 방문 등 여러 구제 사역도 힘차게 추진해 나갔다.

이후로도 늘사랑교회는 계속해서 풍성한 열매를 맺는 건강한 교회로 성숙해 갔다. 하나님은 이처럼 첫 목회지에서 영적 부흥을 허락해 주시며 우리의 사역을 크게 축복해 주셨다.

사역의 열매

주님은 사역 초창기에 남편에게 말씀의 은사를 부어주셔서 주님의 권능을 나타내 주셨다. 그리고 지속적인 성령의 기름 부으심을 통해 교회에 좋은 열매를 계속 허락해 주셨다. 주님은 우리가 섬기는 늘사랑교회뿐만 아니라 남편을 통해 신학교, 연구소, 그리고 세계 열방을 실질적으로 섬길 기회와 축복도 허락해 주셨다.

주님께서 남편에게 침례신학대학에서 3년간 신학생들을 가르치도록 문을 열어 주셔서, 제자 훈련 강의를 했다. 당시 남편의 수업을 듣기 위해 온 신학생들이 90명이 넘어 강의실이 가득 찼다고 한다.

또한, 주님께서는 남편에게 직장인 선교의 문도 열어 주셨다. 그래서 그는 연구단지 안에 있는 연구소들을 찾아가 말씀을 가르치기 시작했다. 남편은 전자통신 연구소, 표준 연구소, 화학 연구소, 에너지 연구소, 생명공학 연구소 등의 신우회에서 연구원들에게 십자가의 복음을 담대히 전파했다.

한편 주님은 남편에게 국내뿐 아니라, 해외에서도 복음을 전하도록 기회를 주셨다. 그는 교회에서 파송한 선교사 가정을 종종 방문하여 그들의 사역에 함께했고 다방면으로 하나님의 선교 사역에 동참하고자 부단히 애썼다. 실질적으로 선교지에서 많은 집회를 인도하기도 했는데, 선교지에서 말씀을 선포할 때마다 수많은 이방인들이 주께로 돌아오는 역사를 크게 체험했다. 선교지 카자흐스탄에서 현지 성도들이 붙여 준 그의 별명은 '쿠다이베르겐'이었다. 이는 '하나님이 주신 사람'이란 뜻이다. 그는 여러 선교지에서 많은 집회를 인도했는데 집회 도중에 역사하시는 성령님의 기름 부으심으로 인해 그는 은혜의 도가니 속에 깊이 빠져 귀국하곤 했다.

하나님은 남편이 주님의 사역을 잘 감당하도록 권능과 은사를 계속 더하여 주셨다. 주님께서 남편을 통해 사람들의 심령에 촉촉한 단비를 공급하시고 생명을 잉태케 하시는 역사를 나타내 주신 것이다.

한편, 늘사랑교회를 개척한 지 10년째 되던 해, 남편 목사를 목양으로 돕는 여정에서 나같이 부족하고 연약한 자를 사모로 부르신 하나님의 은혜에 감사해서 나는 뭔가 주님께 감사의 열매를 드리고 싶었다. 그래서 비록 햇병아리 사모였지만, 지난 날을 회고하는 글을 써 보았다.

그 결과 『개척 교회 사모의 일지』(두란노, 1999)가 출간 되었다. 그 책을 통해 목회자들 특히 사모님들로부터 많은 피드백을 받았고, 목회 사역에 좋은 조언을 얻었노라는 격려도 많이 받았다. 지극히 작은 자보다 더 작은 자를 통해 주님의 귀한 종들을 위로케 하시는 하나님의 경륜이 너무 놀라웠다.

남편의 지병 발생

당시 대덕연구단지는 주로 해외에서 유학한 사람들이 거주하는 곳이어서 교인 중에도 연구기관에 종사하는 자들이 많았다. 연구단지 내 주택단지에는 대부분 공부를 통해 성공한 사람들이 모여 살고 있어, 나름대로 삶의 철학과 성공 주의가 스며들어 있는 곳이었다. 따라서 늘사랑교회 안에도 이런 특징이 반영된 이색적인 문화가 꽤 많았다.

이와 달리 우리 부부는 유학 경험이 없는 아주 평범한 사람들로서 그들과 정반대의 문화적 배경을 갖고 있었다. 남편은 시골(경북 의성) 출신으로 마치 시골 뚝배기를 연상케 하는 촌스러움을 한 몸에 지니고 있었다. 그의 별명은 된장찌개, 시골 아저씨, 경상도 사나이 등이었다. 남편에게서 매너와 품격 갖춘 세련된 목회자 상은 도무지 찾아볼 수가 없었다. 그의 투박한 외모는 연구단지 박사 촌 분위기와는 영 어울리지 않았다. 게다가 사모인 나 또한 마찬가지였다.

나는 몽땅한 키에 얼굴이 동안이라, 우아한 사모로서의 풍채를 전혀 갖추지 못했다. 대부분 사모님은 고상하시고 청아하시며 넉넉한 인품을 겸비하셨는데, 나의 외모는 그렇지 못했다. 너무나 왜소해서 새 신자들은 내가 사모임을 눈치(?)채지 못했다. 게다가 가난한 개척교회 사모에게서 볼 수 있는 빈한한 티가 줄줄 넘쳐흘렀다. 그런 우리의 외모(남편의 촌티와 나의 빈티)는 한국의 우수한 과학자들의 총집결지나 다름없는 연구단지 박사 촌에 전혀 어울리지 않았다.

개척 후 5년쯤 되었을 무렵이었다. 교회 안에 이상한 조짐이 나타났다. 우리의 외모를 못마땅히 여겼던 교인들이 부장 집사가 되더니, 자주 모임을 가졌다. 그 모임을 주관하던 사람늘은 이구동성으로 남편을 교회에서 내보낼 것을 주장했다. 우리 부부는 복음과 말씀으로 하나님의 교회를 세우려 했지만, 교회는 사람들의 생각으로 움직여지는 것 같았다. 어느 날, 그들은 담임 목사 청문회를 개최할 의사를 밝히며 남편에게 참석을 통보했다. 그 소식을 듣고 남편은 매우 당황해했다. 그리고 그곳에 가기를 몹시 두려워했다.

"하지만 사람을 상대하는 것도 목회 일부일 텐데, 어떻게 모임에 안 갈 수가 있어요? 여보! 주님이 아실 테니 주님께 맡기고 담대히 나갑시다."라며 나는 남편을 권면했다. 그리고 "목회자로서 받아야 할 시련이라면 감당할 힘을 달라고 기도합시다."라고 그를 위로했다. 그러자 남편은 자신만 다녀올 테니 나는 집에 남아있으라고 했다.

청문회는 수요예배 후에 진행되었다. 청문회에서 부장 집사들은 남편의 약점을 하나씩 나열하면서 지적했다고 한다. 그 날밤, 나는 결혼 후 남편이 절규하며 우는 모습을 처음 보았다. 그는 냉혹한 현실 앞에서 여러 날을 몸부림치며 울부짖었다. 그해 여름은 우리의 슬픔을 아는 양, 냉해로 말미암아 유난히도 서늘했다.

청문회를 주도했던 분들은 남편의 사직을 추진했지만, 의견 일치가 안 되어 안건이 무산되었다. 자신들의 의견이 관철되지 않자, 그해 운영위원 중 과반수가 교회를 떠났고 그들의 영향권 아래 있던 교인들도 모두 교회를 떠나가 버렸다. 교회 창립 후 가장 큰 위기와 시련이었다.

이후, 충격을 받은 남편에게 중풍이 찾아왔고 그때부터

왼쪽 팔과 다리에 마비 증세가 나타나기 시작했다(사실 그때는 마비 증세가 질병이라고 생각조차도 못 한 채 사역을 이어 가야만 할 상황이었다. 그런 상태로 지속된 사역은 많은 스트레스가 되었고, 몇년 후에는 당뇨 진단도 받았다). 교회는 마치 폭격 맞은 듯 어수선했고, 남편은 본인 마음을 추스르기도 힘들어했다. 그는 깊은 침체의 늪 속에 계속 빠져들어 갔다. 그러던 어느 날, 남편이 과감한 결단을 내렸다.

"여보! 지금은 우리 교회 분위기가 어렵고 힘드니…, 우리가 좀 더 인내하며 견딥시다! 그러나 언젠가 교회가 회복되고 부흥될 날이 오게 되면, 그때 우리 교회를 떠납시다!"

자신의 몸에 병(病)이 찾아왔음에도 불구하고 남편은 오직 주님의 몸 된 교회를 안정시키고 세우려는 일념으로 가득 했다. 그리고 그는 교회의 장래를 위해 자신이 희생하리라 마침내 결정을 내렸다.

교회를 떠나기로
마음먹은 후

남편은 하나님을 사랑하는 순수한 사람이다. 그는 하나님의 교회를 하나님의 뜻과 방법대로 순전히 세워가길 원했다. 그러나 그런 그의 비전을 이루기에는 넘어야 할 장벽이 많았다. 남편은 사람들의 모임(위원회)에만 다녀오면 실망하고 때로는 좌절도 했다. 교회를 무너뜨리는 가장 큰 적은 인본주의다. 하나님의 뜻보다 사람의 뜻이 우위에 있다고 느껴질 때 그는 깊은 수렁에 빠졌다.

따라서 남편은 교인들 위에 군림해서 자기 뜻을 고집하고 관철해 그들을 이끌어가는 카리스마적 목회자가 될 것인지? 아니면 교인들 나름의 합리적인 생각을 받아주고 그들과 상호 소통하며 타협(?)하는 목회자가 될 것인지? 를 선택해야 했는데, 남편의 기질상 그리고 교인들의 성정상 그는 후자를 택할 수밖에 없었다.

    목회 초창기부터 시작된 갈등은 그 이후로도 좀처럼 해소되지 않았다. 그런 가운데 교회 청문회 사건을 거치면서 중직(?) 과반수가 교회를 떠나니, 남편은 목회의 큰 시련을 겪은 셈이다. 그럼에도 불구하고 교회는 하나님이 함께 하셨다. 많은 사람이 교회를 떠나는 와중에 주님은 한편으로 새로운 사람들을 우리 교회로 보내주셨다. 미국 유학을 마치고 한국으로 귀국한 유학파들이 물밀듯이 늘사랑교회로 몰려 들었다. 그래서 오히려 떠난 교인들보다 새로 입교한 사람들이 많아져서 예배당이 가득 찼다.

    한 편으로 교회를 떠나는 사람들이 있는가 하면 또 다른 한 편으로 계속 새 신자들이 몰려 들어오고 있는 아주 희한한 현상을 경험하면서, 우리 부부는 하나님의 교회는 하나님이 직접 인도하신다는 사실을 확신했다. 그 후 늘사랑교회는 점점 부흥의 물길이 열리며 서서히 회복되고 안정되기 시작했다. 시련의 터널을 지난 후 5년 만에 늘사랑교회는 원상 회복되었을 뿐만 아니라, 한국에서 성장하는 모델

교회로 정평이 나기 시작했다. 당시 약 1,000명 가량의 성도가 모이던 늘사랑 교회는 곧 더 큰 부흥을 경험할 것같은 분위기였다.

자식 사랑,
그리고 부모의 헌신

늘사랑교회가 부흥하자, 우리 부부는 교회에서 제공해 준 환경(사택 등)으로 인해 안정적인 삶에 안주해 가고 있었다. 그러나 그즈음, 남편은 지난날 하나님 앞에서 자신과 약속하며 내게 고백했던 그 일을 기억해 내기 시작했다.

연구단지 안에서 늘사랑교회를 개척한 우리 부부에겐 세 남매가 있었다. 개척 당시 맏딸 은혜는 4살이었고, 아들 연익은 5개월째였다. 그리고 개척 6년 만에 주께서 막내딸 연지를 우리 가정에 보내 주셨다. 세 남매는 건강하게 무럭 무럭 자라서 우리 부부에게 많은 기쁨과 보람을 안겨다 주었다. 그러나 자녀들이 학교에 입학할 무렵부터 우리 가정엔 말 못 할 고민이 생겼다. 자녀들이 연구단지라는 특수 문화권에 잘 적응하지 못하는 현상이 나타났기 때문이었다.

학교에 가면 영어로 대화하는 친구들, 그리고 상당수 친구 아버지들이 명문대학 출신 박사임을 인지한 아이들은 조금씩 마음이 어려워지기 시작했다. 평범한 우리 아이들이 특수 문화권에 적응하기 힘들어하자 우리 부부는 마음이 무척 아팠다. 그런 상태로 몇 년을 지냈는데, 늘사랑교회는 그즈음 큰 부흥의 물결을 경험하기 시작했다. 그러나 자녀들이 사춘기를 지나며 계속해서 힘들어 하자 부모로서 자식들의 어려움을 모른 척하기에는 너무도 가슴 아픈 현실이었다. 아이들이 힘들어하는 모습을 오랫동안 관망만 해오던 남편이 마침내, 더 참을 수가 없었던지 오랜 고심 끝에 과감한 결단을 내렸다.

"여보! 자식들이 제대로 자랄 수 있도록 적합한 환경으로 옮겨 줍시다. 그러기 위해 우리 다 함께 이민을 떠납시다!"라고 뜻을 밝혔다.

나는 몹시 놀랬다. 그리고 거의 13년간 일궈놓은 우리 목양지를 내려놓고 떠나려니 너무도 아까워 남편에게 물었다.

"그럼, 두고 가는 양들은 어떻게 하죠?" 그러자 남편은,

"교회의 양들은 다른 목자가 와서 돌보면 되지만, 내가 낳은 자식들은 내가 보살피지 않으면 누가 돌보겠소?"라고 단호하게 대답했다.

나는 남편의 의견에 수긍하고 적극적으로 지지했다. 수백 명의 영혼도 중요하지만, 우리 세 남매의 영혼도 매우 소중하기 때문이었다. 부모의 자식 사랑은 곧 그들을 향한 헌신으로 이어졌다. 드디어 대전을 떠나는 날이 되었다. 우리 부부는 13년 동안 사랑과 애정을 온통 쏟아 부으며 사역했던 늘사랑교회와 작별하는 아쉬움에 눈물지으며 미국행 비행기에 몸을 실었다.

한편으로 장차 펼쳐질 불확실한 미래에 대한 막연한 기대와 또 한편으로는 뭔가 새로운 일이 펼쳐질 것만 같은 소망의 날개를 펴고 우리 가족은 광활한 태평양 너머로 날아갔다.

첫 번째 광야,
오클라호마 땅에서

우리 가족이 미국에 처음 도착한 곳은 중부지역에 있는 오클라호마 주였다. 그곳은 광활하고 척박한 벌판으로 인적이 드문 외로운 땅이었다. 우리는 '노만'(Norman)이란 도시에 정착했는데 그곳에서 남편은 장년이 80명 정도 모이는 작은 유학생 교회를 섬기게 되었다.

그 곳에 거주하는 한인이 전부 200여 명 정도밖에 안 된다는 것을 알게된 도착 첫날, 전도 대상자가 적으니 앞으로 이 교회는 부흥(양적 성장)하기 어렵겠다는 생각이 자연스럽게 들었다. 그리고 사역 성공을 통해 뭇사람의 인정과 칭찬을 얻지 못할 것에 대한 자기 연민에 빠졌다.

    하나님은 이처럼 그동안 양적 부흥에 만족하며 안주했던 나를 오클라호마 광야로 보내셔서 철저하게 자신을 돌아보게 하셨다. 그리고 아주 세심하게 내 영혼을 다루시고, 훈련하셨다. 하나님은 주님과 나 사이를 가로막았던 이물질들을 말씀으로 하나씩 제거해 주시기 시작하셨다. 내 마음속에서 주인 노릇하려는 거짓된 것들을 하나씩 제거해 주셨다. 이후, 나의 심령은 오직 예수 그리스도 한 분만으로 만족하는 심령으로 회복돼 갔다. 이렇게 오클라호마 광야에서 하나님은 오직 주님만 바라보도록 하셨고, 나를 그리스도 중심의 삶으로 회복시켜 주셨다.

    한편, 남편은 갑자기 사역의 양이 줄어들었음에도, 목사의 사명을 전혀 잊지 않았다. 그의 은사는 복음 전파이다. 설교를 통해 복음을 증거하는 것이 그의 사명이었다. 그의 은사는 목회 초창기 때부터 시작되었는데 어느 장소를 막론하고 그는 하나님의 나라와 복음을 전파했다. 하나님의 나라가 이 땅에 온전히 임하는 것, 그래서 물이 바다 덮음같이 온 세상에 복음이 전파되는 것, 이것이 남편의 비전이었는데 그는 비전을 이루기 위해 상황과 환경, 육체의 약함에 굴하지 않았다. 온 세상에 복음이 전파될 그 날을 바라보며 그는 비록 작은 규모의 유학생 교회였지만 말씀으로 영혼들을 신실하게 섬겼다.

유학생 교회

미국 이민의 첫 도착지인 오클라호마 땅에서 우리 부부는 유학생 교회를 섬기고 있었다. 유학생 교회는 싱그럽고 젊음이 가득한 교회로서 사랑과 우정이 넘치는 교회였다. 교우들은 5명의 대 식구인 우리 가족을 몹시 사랑해 주고 정성껏 섬겨주었다. 가끔 학생들이 한국을 방문하고 돌아올 때면 김, 멸치, 오징어 등을 가져오곤 했는데 서로 나누어 먹는 정감이 있었다. 또 한국에서 부모님이나 형제들이 방문하게 되면 목회자를 자기 집으로 초청하여 식사를 나누며 교제하도록 배려를 했다. 남편은 그 기회를 이용하여 교인들의 친지들에게도 복음을 전했다.

유학생들은 남편의 설교를 매우 좋아했다. 남편 설교의 주제는 늘 복음이었다. 설교를 통해 큰 은혜를 체험한 그들은 "목사님! 우리끼리 목사님 말씀을 듣기가 너무 아까워 슈퍼마켓 앞에 목사님 설교 테이프를 비치해 놓겠습니다."라며 오클라호마 도시에 사는 한인들에게도 남편의 설교 말씀이 공급되도록 많은 수고를 하였다.

이처럼 작은 학생 교회는 사랑과 나눔이 있고 아름답고 따뜻한 분위기가 가득한 곳이었으며 소박한 섬김이 있는 곳이었다. 무엇보다도 유학생 교회는 마치 황금 어장과도 같은 곳이었다. 한국에서 유학 오는 불신자들이 입국하는 날이면 교우들이 공항에 나가 영접하고, 정착할 때까지 친절하게 보살펴 주곤 했다. 그러면 대부분 사람이 고마움에 감동하여 유학생 교회에 출석하곤 했다. 그래서 예수님을 믿지 않는 학생들을 전도하기에 좋은 매개체 역할을 감당하는 곳이 바로 유학생 교회였다.

그뿐만 아니라, 유학생들이 다니는 대학도 타 문화권 전도의 매우 좋은 접촉점이 된다. 세계 각국에서 몰려온 이방인 학생들에게 복음을 증거 할 수 있는 최적의 장소가 되기 때문이다. 따라서 교인들을 잘 양육하여 캠퍼스에서 복음을 전하는 주님의 제자로 키워야 할 막대한 사명이 유학생 교회에 있었다.

    이처럼 원대한 유학생 교회의 비전을 바라보면서 우리는 학생들이 공부하는 동안에 예수님을 믿게 될 뿐만 아니라, 더 나아가 전 세계에 복음을 증거 하는 예수 그리스도의 일꾼이 되게 해 달라고 기도하면서 영혼들을 섬기고 있었다.

정들던 유학생
교회를 떠나다

●

　　　　　　　보람 있게 유학생 교회인 노만 교회를 섬기던 중이었는데, 어느 날부터 남편에게 말 못 할 고민이 생겼다. 그 일은 우리 교회에서 오래전부터(우리가 부임하기 전부터) 전도사로 시무하셨던 분이 목사 안수식을 받게 되면서 발생했다. 그분이 교회의 부목사로 위임되자 담임 목사인 남편의 마음에 왠지 부담감이 생겼다. 작은 학생 교회에 목사가 두 명씩이나 몸담고 있으니 교회에 큰 부담이라는 생각 때문이었다. 그리고 담임 목사인 남편은 자신보다 부목사가 우리 교회에 더 적합한 적임자임을 금방 알게 됐다. 그는 미국에서 신학을 공부한 유학생으로 우리 교회 학생들과 같은 또래인 젊은 청년 목사였기 때문이었다.

솔직히 그동안 우리 부부는 유학생들을 상대로 목회하는데 뭔가 큰 괴리감을 느끼던 터였다. 우리는 유학 경험이 없어서 학생들의 마음을 잘 헤아려 주질 못했고, 게다가 40대 중반에 미국에 온 때문인지 학생들의 삶의 고충을 이해하기가 힘들었다.

그러자 남편은 노만 교회의 장래를 위해 적임자인 부 목사에게 교회를 위임해야겠노라고 서서히 마음을 굳혔다. 그리고 남편은 특수한 목회가 아닌 일반 목회를 할 수 있는 곳을 찾아 대도시로 이사를 하자고 내게 제의를 했다.

싱그럽고 아름다운 유학생 교회였으나 한국에서 갓 이민 온, 나이 많은 목사가 섬기기엔 왠지 학생들에게 미안한 마음이 들었다. 그래서 정들었던 학생들, 사랑했던 사람들 그리고 한국과 세계의 앞날을 장차 이끌어갈 촉망받는 양 떼들을 부목사에게 위임하고서 우리는 3년 만에 결국 노만 교회를 떠나게 되었다.

그 후 우리 가족은 한국으로 들어가 한국선교훈련원(GMTC)에서 훈련을 받았다. 대도시로 나가기 전 선교 준비를 제대로 하고 싶어서였다. 맏딸 은혜는 고등학교 졸업 후 하와이 열방대학으로 갔고, 우리는 아들 연익이와 막내딸 연지를 데리고 한국선교훈련원에서 3개월 동안 훈련을 받았다.

두 번째 광야, LA 땅에서

선교 훈련을 마친 후, 우리 가족은 미국에서 한인이 가장 많이 산다는 캘리포니아주 LA로 이사를 했다. 남편은 그곳에서 자신이 꿈꿔오던 비전을 마음껏 펼치기를 원했다. 그는 오직 복음과 말씀으로 통치하는 순전한 하나님의 교회를 세워, 세계선교를 감당하고 싶어 했다. 그래서 가정교회를 개척했는데 우리 집 거실이 곧 교회였다. 매주 우리 집 거실에서 꼬박꼬박 주일 예배를 드렸는데, 비록 우리 가족이 전부였지만 남편의 설교는 매번 은혜롭고 감동적이었다. 남편은 요한복음을 통하여 복음의 핵심을 매주 전했다. 우리 집 세 남매는 "아빠 설교를 들으면 가슴이 뭉클해져요!"라면서 아빠의 설교를 매우 좋아했다.

주일 예배는 아무런 조직도 형식도 없었다. 남편은 딱딱한 순서보다는 자유롭게 진행되는 예배 형식을 택했다. 설교 도중에 자녀들을 교육하며 훈육하기도 했으며, 자유롭게 의사소통도 하였다. 큰딸에게 "은혜야! 오늘 본문을 통해 어떤 교훈을 받았지?"라고 묻기도 했고, 고등학생인 아들에게 "연익이가 말씀을 통해 결심한 것이나 다짐한 것이 있으면 한번 얘기해 볼래? 아들의 생각을 한번 들어보자꾸나!"라며 자유롭게 대화하고 소통하도록 권면했다. 또 초등학생인 막내딸, 연지에게도 자주 대화할 기회를 주었다. 특히 연지는 어린 나이였기에 남편은 연지의 눈높이에 맞춰 말씀을 잘 풀어서 가르쳤다.

남편은 아버지로서 자녀들에게 들려주고 싶은 교훈들 그리고 격려와 위로의 말들을 아낌없이 제공했는데 목사인 아버지의 설교를 듣는 세 남매의 태도가 사뭇 진지했다. 또 남편은 아이들의 생각을 마음껏 발표하게 했고 마음속의 고충과 신앙 고민도 나누도록 해줬다. 참석자라고는 우리 가족이 전부였던 예배는 자녀들과의 친밀한 관계가 형성되는 시간이었고, 그 때 아이들은 내면에 감추고 싶었던 비밀들, 그리고 표현하지 못했던 갈등들을 서슴없이 털어놓았다. 그 후 우리 가족은 서로에게 감추는 것이 거의 없을 정도로 친밀한 관계가 되었다.

    LA에서 개척한 교회는 정해진 예배 형식은 없으나 자유가 있었고, 조직도 없어 오히려 편했다. 결국 우리 교회 주일 예배는 거의 가정 예배 수준으로 정착되어갔다.

새 목양지

LA에서 교회 개척 후, 우리 가정이 현실적으로 봉착하게 된 어려움은 경제적인 문제였다. 생계를 위해 남편과 나는 생활 전선에 뛰어들어 여러모로 노력했음에도 불구하고 우리 가정 경제는 터무니없는 바닥 상태였다. '월세를 어떻게 충당해야 하나? 우리 대 식구가 어떻게 생활해야 하나? 아이들 교육비를 어떻게 감당하지? 그뿐만 아니라 또 교회를 어떻게 유지해야 하나?'라는 걱정에 시달렸다.

그러던 어느 날, 호세아서를 읽다가 하나님의 말씀을 들었다. 그 말씀은 나를 매우 놀라게 했고 크게 흥분시켰다.

"거기서 비로소 그의 포도원을 그에게 주고"호세아 2:15라는 말씀을 읽는 중에 나는 주님께서 우리에게 뭔가를 말씀하고 계신다고 느꼈다. 그 말씀은 주님께서 우리에게 새 포도원을 주시겠노라 는 음성으로 내게 들려졌다. 새로운 목양지를 주시겠노라 는 주님의 약속을 받고서 나는 가슴이 뛰었다. 그래서 그날 일기장에 다음과 같이 기록했다.

'주께서 우리에게 주실 그 포도원은 어떤 곳일까?'라고….

8개월 후에 남편은 캘리포니아주 산호세에 있는 교회로부터 청빙을 받았다. 그 교회의 이름은 '세계선교교회'였다. 솔직히 우리 부부는 청빙 소식을 들었을 때 '세계선교'라는 단어에 그만 마음을 몽땅 빼앗겼다. 틀림없이 이름처럼 세계선교를 위해 헌신한 교회일거라고 믿었기 때문이다. 특히 남편은 늘 마음속에 품고 있던 자신의 비전을 그곳에서 이룰 수 있을 것이라는 생각에 매우 흥분했다.

남편은 목회 초기부터 선교에 헌신해 왔었고, 그의 가슴속엔 늘 선교에 대한 뜨거운 열정이 있었다. 그래서 순전한 하나님의 교회를 세우고 싶어 대도시로 왔으나 꿈이 이뤄지지 않자 많이 눌려 있었다. 그런데 주께서 남편의 비전을 잊지 않으시고 기억해 주시다니! 때가 되어 그런 선교하는 교회로 보내시다니! 나는 주님의 섭리에 감복하여 며칠간 잠을 이루지 못할 정도로 기분이 들떠 있었다. 앞으로 마음껏 선교를 위해 꿈을 펼쳐갈 남편의 모습을 상상하니 이루 형용할 수 없는 감동과 기쁨이 넘쳤다.

    우리 부부는 이처럼 교회 이름에 담긴 이미지로 인해, 산호세에 있는 세계선교교회로 가겠노라고 마음을 굳혔다. 그 후 남편은 세계선교교회의 모든 청빙 절차를 마치고 선교를 감당하기 위해 이사를 서둘렀다. 세계선교교회를 통해 지상 명령을 이뤄 하나님 나라를 온전히 세우고 교회를 성장시킬 기대와 포부로 인해 우리의 마음은 하늘을 날고 있었다.

청빙 목사의 고충

●

　　　　　우리 부부는 선교 비전과 희망을 안고서 산호세로 가기 위해 이삿짐을 챙기고 있었다. 그런데 몇몇 지인들이 우리 부부를 찾아와서 세계선교교회에 대한 안 좋은 소문을 들려주었다. 그 소식을 듣고 우리는 그만 아연실색했다.

　그것은 몇 년 전 그 교회의 목회자가 영적 전쟁에서 실패하여 넘어졌다는 소식이었다. 이후 교회는 큰 시험에 빠져 오랫동안 고통을 받았고 아직도 회복되지 않았다는 것이다. 그 교회에 대한 어두운 소식을 세세히 듣자, 세계선교의 비전을 이루려던 우리의 야무진 꿈과 희망은 금세 위축

되었고 산호세로 출발하려던 우리의 발걸음도 마냥 무거워졌다. 그러나 주께서 우리에게 약속하신 말씀 때문에, 또 청빙에 이미 동의한 목사로서 교회와의 약속은 곧 하나님과의 약속이라고 믿었기 때문에, 남편은 세계선교교회가 있는 산호세로 가기로 다시금 마음을 굳혔다.

세계선교교회에 도착하니, 소문처럼 교회는 과거에 받은 상흔으로 큰 혼란과 고통 속에 있었다. 그러나 세계선교교회는 하나님께서 우리에게 허락하신 목양지이며 교인들은 우리에게 맡기신 양들이므로 최선을 다해 영혼들을 사랑하며 섬기길 원했다. 교인들의 가슴 아픈 사연을 어떻게 위로해 주고, 마음의 상처를 어떻게 해결해 줘야 할지에 대한 숙제가 항상 우리의 마음속에 맴돌았다. 따라서 우리 부부는 무너진 다윗의 장막을 수축하여 일으켜 세우고자 하는 심정으로 온 힘을 다해 수고를 아끼지 않겠노라고 결심을 했다.

그러나, 당시에 몇몇 교우들은 예전의 목회자로부터 받았던 상처 때문인지 목사에 대한 부정적인 시각을 갖고 있었다. 교회가 건강하지 못한 원인 즉, 교회의 어려움의 원인은 전적으로 목회자의 잘못이라는 편견이 몇몇 교우들의 생각을 지배하고 있었다. 따라서 남편은 그러한 어두운 그

림자가 드리워진 상황에서 강대상에 올라야 했다. 목회자를 향한 불신, 담임 목사로부터 받은 상처로 인한 분노, 그리고 치유되지 않은 가슴의 멍울을 안은 채, 새로 부임한 목회자의 설교를 들어야 했던 교우들의 눈망울이 남편에겐 큰 부담이었을 것이다. 동시에 교우들의 시선이 남편에겐 몹시 따갑게만 느껴졌을 것이다.

    그런 가운데 3년 6개월이란 세월이 훌쩍 지나갔다. 산호세로 이사와 교회에 새로 부임하던 날이 바로 엊그제 같은데 벌써 많은 세월이 흘러가 버렸다.

쉼과 휴식을 찾아서

●

　　결국 남편은 과로와 스트레스로 인해 건강을 잃고야 말았다. 그는 담당 의사로부터 '절대 스트레스를 받지 말라'는 강력한 처방을 받고 병가를 받아 먼 길을 떠나는 중이다. 우리는 산호세에서 고속도로를 이용해 북쪽으로 달리고 있었다. 병든 남편은 조수석에서 곤하게 잠을 자고 있었고, 나는 운전석에서 핸들을 잡고 계속 차를 몰고 있었다. 남편이 깨어나지 않도록 조심스럽게 운전하면서 나는 한참 동안 지난 날을 회상하며 깊은 사색에 빠져 들었다.

　　남편은 순수한 하나님의 사람이었다. 그러나 그의 순수

함은 현실의 교회에는 어울리지 않았다. 그의 비현실적인 순수함은 오히려 사람들의 조롱과 무시의 원인이 되기도 했다. 교회는 순수한 하나님의 교회이지만 동시에 세상에 사는 사람들의 모임이기도 하다. 따라서 사람들의 생각(인본주의)이 하나님의 뜻보다 우위에 있을 때 목회자는 비애를 느낀다. 그래서 남편은 침묵의 고요 속으로 들어가 버렸다. 그의 복음을 향한 열정과 주님을 위한 비전은 그만 날개 잃은 새처럼 힘을 잃고야 말았다.

이런저런 생각을 하며 북쪽으로 운전해 가다가 마침내 기나긴 장거리 여정을 마치고, 목적지인 벨링헴에 도착했다. 요양원(기도원)에 도착해서야 나는 이곳이 남편에게 가장 적합한 휴식처라는 생각이 들었다. 온 사방이 녹음으로 우거진 대자연을 바라보니, 곧바로 치유와 회복이 이뤄질 것 같은 소망이 생겨 앞으로의 나날들이 잔뜩 기대되었다.

요양원 주변을 대충 살펴본 후 우리는 숙소 안으로 들어가 짐을 풀었다. 장거리 여정 중에 남편의 병세가 악화할까 봐 어찌나 신경을 썼던지 방에 들어가자마자 나는 긴장이 풀려 온몸이 나른해졌다. 그러나 대자연 속에서 앞으로 하나님을 경험하며 지내게 될 것이라는 기대감으로 마음이 흥분되어 가만히 앉아 있을 수가 없었다. 그래서 먼저 우리를 이제껏 인도해 오신 주님께 감사의 기도를 드린 후 이어서 요양원에 머물 동안에 남편의 치유가 잘 이뤄져 건강을 회복하게 해 달라는 기도 제목들을 조목조목 적었다. 그리고 주님께 기도를 드렸다.

드디어 남편의 치유와 회복을 향한 꿈과 희망을 안은 채, 본격적인 요양원 생활이 시작되었다.

3부

귀향의 길

새 힘 얻은 목회자

두 달간의 병가를 마치고 우리 부부는 다시 산호세로 돌아왔다. 주님께서 우리의 기도를 들으시고 응답해 주셨다는 확신을 가득 안고서 돌아왔다. 집을 떠날 때 병자의 모습이던 남편이 건강한 모습을 되찾게 되었고, 무엇보다도 우리 부부에게 영적인 회복이 일어나 십자가의 은혜와 감격이 충만하여 돌아왔다.

기쁨을 안은 채 집으로 돌아오니 큰딸과 아들, 그리고 막내딸이 다 같이 크게 함성을 지르며 우리를 반갑게 맞이해 주었다.

은혜는 "아빠, 엄마! 그동안 너무 보고 싶었어요!"라고 했고, 연익이도 "아빠의 건강이 회복되셔서 너무나 기뻐요!"라고 말했다. 연지도 "아빠가 건강해지셔서 정말 행복해요!"라며 좋아했다. 세 남매가 우리를 껴안으며 크게 환영해 주었다.

아이들을 보는 순간, 그동안 부모를 위해 얼마나 간절히 주님을 의지하며 지냈는지를 금방 알 수 있었다. 두 달 동안 일찍 일어나 새벽예배에 참석하기도 했고, 저녁때마다 세 남매가 모여서 아빠의 회복을 위해 합심하여 기도했으며, 나름대로 주님을 찾고 의뢰하며 살아온 모습들이 눈에 여실히 띄었다. 부모의 부재 동안 주님께서 우리 세 남매를 얼마나 위로해 주시고 만져 주셨던지 아이들 모두가 강건해져 있었다. 역경이 찾아왔을 때 그 위기를 오히려 하나님을 신뢰하는 믿음으로 극복해 나간 아이들이 무척 대견했다. 그뿐만 아니라, 교회에서도 매우 고무적인 일들이 벌어졌다.

"목사님! 다시 돌아오셔서 축하드립니다!"

"목사님! 다시 못 오실 줄 알고 걱정했었어요!"

병가에서 돌아온 남편을 교인들은 기쁨으로 영접했다. 모 목장에서는 우리 부부를 초대하여 환영 파티까지 열어 주었다. 교우들의 환영을 통해 남편은 매우 큰 위로와 격려를 받았다. 교우들의 따뜻한 사랑의 표현은 목회 현장에서 누리는 매우 큰 기쁨이며 위로였다.

그러자 우리가 처음 산호세로 부임하던 당시의 옛 모습이 불현듯 떠올랐다. 그때 남편은 셀(가정교회)을 구성하여 정착시키기 시작했다. 셀을 개척하던 날이 바로 엊그제 같은데, 어느새 많은 셀이 활성화돼 있었다. 그러니 모 가정교회에서 병가에서 돌아온 담임목사 부부를 위해 환영 파티까지 해준다는 사실에 감개무량할 수밖에 없었다. 이처럼 사역의 결실이 나타나자, 남편은 차츰 기쁨을 얻기 시작했고 다시 목회의 현장으로 전진해 들어갔다. 그러나 가장 중요한 변수는 바로 건강 문제였다.

두 달 전에 담당 의사는 그에게 충분한 요양을 권면하며 절대로 스트레스를 받지 말라고 간곡히 당부한 바 있었다. 그동안 남편은 의사의 말을 잘 따랐고 매일 꾸준히 건강관리를 해왔다. 드디어 두 달 전에 예약한 진료일에 남편은 담당 의사를 만나러 병원에 갔다. 그리고 진료를 받고 돌아온 남편의 얼굴에 희색이 만연했다.

"여보! 건강이 아주 좋아졌다고 의사한테 칭찬받았어! 그동안 몸 관리를 잘했다면서 6개월 후에 다시 진료받으러 병원에 오라는 거야!"라면서 그는 기뻐서 싱글벙글하였다.

이처럼 자녀들의 부모를 향한 사랑과 믿음의 성숙! 또 교우들의 따뜻한 환영과 셀을 통한 사역의 기쁨! 그리고 회복된 건강! 이로 인해 남편은 큰 힘을 받아 다시금 목회 현장으로 돌진해 들어갔다.

재발한 남편의 지병

●

병가를 다녀와서 새 힘을 얻은 남편은, 그동안의 교회의 배려에 보답하고자 하는 마음으로 더욱더 사역의 전선으로 힘차게 들어갔었다. 그런 남편을 돕기 위해 나 또한 열심히 기도하며 헌신적인 노력을 기울였다. 그러나 예상치 못한 일이 발생했다. 몇 개월 후 남편의 지병이 재발하는 불상사가 벌어졌다.

두 달간의 휴가 기간을 통해 남편의 건강이 좋아졌던 것은 일시적인 것이었다. 남편의 지병이 완쾌되기 위해서는 장기간의 휴식과 안식이 필요했던 것이다. 사역 현장으로 돌아오자 남편은 또다시 스트레스를 받기 시작했고 이를 견디지 못해 다시 쓰러지고야 말았다.

그의 모습은 또다시 축 늘어진 어깨, 그리고 힘없는 발걸음 등, 예전의 모습으로 되돌아갔다. 그의 왼쪽 팔다리의 마비 증세도 심해져 갔다. 그는 오래전부터 왼쪽 팔의 기능이 마비되어 거의 팔을 올리지 못했다. 당, 고혈압과 콜레스레롤 수치가 모두 높아졌다. 그리고 피부병이 심해 벌건 흉터가 그의 육체를 군데군데 덮었다. 게다가 그는 밤마다 불면증으로 시달렸다. 그러나 이런 신체적 아픔과 연약함보다 더 심각한 것은 마음의 병이었다, 그는 우울증으로 낙심과 절망의 나락으로 떨어지고 있는 것 같았다.

병가를 떠나기 전의 모습으로 되돌아간 남편의 얼굴엔 또다시 핏기없는 노란색 기운이 가득했다. 그의 침울해진 얼굴은 입원만 하지 않았을 뿐 영락없이 환자의 모습이었다. 그러던 어느 날 담당 의사를 만나러 병원에 갔다가, 우리는 청천벽력과도 같은 소식을 접했다. 담당 의사는 남편을 보자, 심각성을 느꼈던지 여러 가지를 검사하자고 했다. 그리고는 그의 우울증이 너무 심해서 앞으로 정상적으로 일상 생활을 하기가 힘들 거라는 판단을 내렸다. 의사가 남편의 손에 쥐여준 처방전에는 '수행 불가'(disability)란 진단 결과가 적혀 있었다. 미국 법에 따르면 그것은 즉시 직장 생활을 하지 못하게 되는 진단명이었다.

'장기간 수행 불가'(disability) 판정을 남편이 받다니! 그것도 우울증으로!

그 소식은 매우 충격적이어서 우리 가족 모두 몹시 놀랐다. 또한 그 일은 교회의 영적 지도자로서의 역할을 할 수 없게 되는 결과를 낳았다. 교회를 교회답게 세우려다 남편은 그만 목회 현장에서 건강을 잃고 말았다. 교회의 영적 지도자인 목사가 건강 문제로 더 이상 지도력을 발휘할 수 없게 된 상황은 몸 된 교회에 커다란 어려움을 가져왔다.

이것은 두 달간의 병가를 마치고 사역의 현장으로 돌아온 지 불과 반년 만에 생긴 일이었다.

이별의 슬픔과 아픔

건강상 이유로 남편에게 당분간 정상적인 목회 사역을 하지 못한다는 법적 조치가 내려졌다. 리더십 공백으로 인해 교회가 어려워 질 수 상황이어서 남편은 무언가 결단을 내려야 하는 상황에 놓이게 되었다. 이민 교회의 정서상, 또다시 장기 휴가를 받을 수도 없는 형편이다 보니 남편은 암담해졌다. 그러자 남편은 병든 몸과 마음으로 교회 사역에 전념할 수 없다면 차라리 건강한 목자가 와서 사역을 감당하는 것이 하나님 나라에 더 유익할 것이란 생각을 하기에 이르렀다.

그래서 어느 날, 그는 어쩔 수 없이 세계선교교회에서의 사역을 끝내겠노라는 사임 의사를 발표하고야 말았다. 결국 병가를 다녀온 지 1년 만에, 그리고 세계선교교회에 부임한 지 약 4년 6개월 만에 우리는 산호세를 떠날 수밖에 없었다.

산호세를 떠나려니…, 그동안 정들었던 양 떼들로 인해 마음이 몹시 슬펐다. 사랑했던 양들과 더 함께 지낼 수 없다는 현실이 내게는 마치 형벌처럼 느껴졌다. 모든 지체를 향해 생기는 마음은 오직 미련뿐이었다. 결국 이처럼 순례자의 삶은 헤어짐의 연속인가? 이별 없이 살 수는 없을까? 라고 되뇌면서 나는 슬픈 이별을 준비해야만 했다.

이처럼 남편의 건강 악화는 교회 사임이라는 이루 말할 수 없는 충격과 슬픔을 내게 안겨다 주었다. 그 후 나는 며칠 밤잠을 설치며 괴로워했다. 그렇지만 계속 내 감정 속에 파묻혀 있을 수만은 없었다. 남편의 우울증 증세가 나날이 심해졌기 때문에 눈 앞의 위기를 속히 해결해야만 했다. 그래서 정과 욕심을 십자가에 내려놓기로 다짐했다. 어차피 양들은 우리의 양이 아니며 주님의 양들이므로 주님께 맡겨야겠노라고 결심을 했다.

우리 부부는 오랜 고심 끝에 한국으로 역이민 가자고 결정했다. 그 이유는 남편의 우울증 치료를 위해서는 고국이 가장 적합할 곳이라고 여겼기 때문이었다. 그러자, 자녀들과 헤어져야 하는 큰 아픔이 또 찾아왔다. 우리 집 세남매는 그동안 부모의 광야 생활을 묵묵히 함께한 대견스럽고도 자랑스러운 자녀들이다. 부모가 고생하는 모습을 옆에서 지켜봐서인지, 우리 가족은 매우 특별한 친밀감을 느끼고 있었다.

그뿐만 아니라 세 남매 끼리도 깊은 유대감을 지니고 있었다. 우리 가족이 거실에 모여 대화를 나눌 때면 오순도순 이야기가 끝이 나질 않았다. 한 사람의 이야기가 끝나자마자 곧바로 말을 꺼내지 않으면 그만 기회를 놓치기가 십상이었다. 맏딸, 은혜의 남자 친구 현우는 우리 집을 방문하고서 그토록 대화가 많은 가정은 처음 본다며 우리 가족을 신기해했다. (나중에 그는 은혜의 배필이 되었다!)

그런데 그런 세 남매와 헤어질 생각을 하니 마음이 메어질 듯 아파 고통스러웠다. 하지만 남편의 우울 증세를 치료하기 위해, 어쩔 수 없이 우리 부부는 고국으로 돌아가기로 결정을 내릴 수밖에 없었다.

한국으로 귀향하다

한국으로 귀향하려고 마음가짐을 단단히 하고 있는데, 남편은 몹시 불안해하는 것 같았다. 특히 아직 학업 중에 있는 자녀들에 대한 아버지로서 책임감이 그의 마음을 짓눌렀다. 다행히 병가를 다녀온 후 큰딸 은혜는 성격이 좋고 밝으며 믿음직스럽고 건실한 청년(임현우)과 오랜 교제 끝에 드디어 결혼식을 올렸다. 그래서 은혜는 하나님이 짝지어 주신 배필과 함께 행복한 가정을 꾸려나가고 있었다. 그러나 남편은 아직 우리의 손길이 더 필요한 아들 연익과 막내딸 연지로 인해 마음에 근심이 가득했다. 그는 몸이 아픈 가운데서도 자신의 육체를 돌보는 일보다 자녀들의 장래를 더 신경 쓰며 염려했다.

"여보! 앞으로 아이들 뒷바라지를 어떻게 감당해야 할지 걱정이야!"

평소에 자녀들을 향해 사랑이 많고 자상한 아버지인 그는 걱정이 태산 같았다. 그러한 그를 깊이 이해하면서 나는 남편을 위로했다.

"여보! 자녀들은 하나님의 자녀이니 하나님이 책임지실 거예요. 하나님만 바라봅시다!"라고 떨리는 목소리로 대답했다. 하지만 내 마음도 아이들 걱정이 태산 같았다.

아들 연익이는 산호세에 있는 칼리지를 다니고 있어 홀로 자취를 하기로 했고, 고 1이던 막내딸 연지는 부모와 함께 한국으로 가기로 했다. 연지가 그것을 원했고, 또 가족 전체가 모여 함께 의논하고 기도하면서 그렇게 결정했다.

아무튼 한국으로 돌아가는 엄청난 과제가 코앞의 현실로 다가왔고, 그 절차를 밟는 중에도 남편의 병은 나아지질 않았다. 그리고 그의 우울증은 계속 그를 깊은 절망의 수렁 속으로 몰아갔다. 10년 전, 한국을 떠날 때 새로운 목회를 꿈꾸며 미국에 왔지만, 이제 남편은 마치 패잔병 신세가 되어 본국으로 돌아가는 군인과 같다며 자기 연민에 크게 시달렸다. 그의 마음은 이렇게 점점 약해져 가고 있었다. 그러한 마음으로 세계선교교회를 사임하고 아쉬운 발걸음으로 한국으로 귀향하려는데…. 어느 한 자매님이 의아해하면서 우리에게 질문을 던졌다.

"성도현 목사님! 두 달간 병가 후에 건강이 회복되어 다시 우리 교회로 돌아오시더니 왜 또다시 아프게 되신 걸까요? 이유가 뭔가요?"라고….

그러나 그렇게 반문하던 자매님 앞에서 우리는 아무런 대답을 못 했다. 실상 그 질문은 오히려 우리가 심중에 품었던 의문이었다. '도대체 하나님께서 우리에게 왜 이런 시련을 허락하시는 건지? 우리도 잘 모르겠어요!'라고 자매님에게 답변하고 싶었으나 차마 그 말이 입 밖으로 나오질 않았다.

그 후 한국행 비행기를 타고 미국 땅을 떠나는 데 그 자매님의 말이 태평양 한가운데서도 계속 우리의 귓전에서 맴도는 것 같았다.

홀로 살다
병을 얻은 남편

어렵사리 그럭저럭 우리 부부는 서울에서의 삶에 정착하고 있었다. 그러던 중, 막내딸이 고 3이 되어 엄마의 손길이 크게 필요하게 되었다. 아무래도 안 되겠다 싶어 나는 남편과 의논 끝에 연지가 있는 부산으로 내려가기로 했다(연지는 부산에 있는 대안학교를 다니고 있었다). 실은 남편이 먼저 그렇게 하자고 제안했다.

이렇게 우리 부부는 헤어져 살게 되었는데, 어느 날 갑자기 서울에서 홀로 지내던 남편으로부터 매우 안 좋은 소식이 왔다. 남편이 면역력이 약해져서인지 대상포진에 걸렸다는 것이다. 그 소식을 듣고서 딸애를 혼자 남겨둔 채 서둘러 서울로 부랴부랴 올라갔다. 그랬더니 남편이 방에서 혼자 괴로운 신음을 내면서 누워있는 것이다. 그의 등엔 벌건 물집이 덮여 있었고 가시가 찌르듯 한 고통이 그를 잔인하게 괴롭히고 있었다. 그런 남편의 어처구니없는 신세를 바라보면서 나는 그만 망연자실했다. 그러나 나는 남편의 딱한 모습을 애처로이 바라볼 수 밖에 없을 뿐, 아무런 도움도 주지 못한 채 안절부절만 할 따름이었다.

하지만 막내딸을 홀로 둘 수도 없어서 나는 다시 서둘러 부산으로 내려가야만 했다. 병상에 누워있는 남편을 홀로 남기고 떠나려니 가슴이 몹시 아팠다. 그렇게 안타까운 마음을 안고서 서울역에서 부산행 기차를 타려는데 도저히 발길이 떨어지지 않았다. 이러지도 저러지도 못한 상태로 안절부절못하다가 나는 어쩔 수 없이 기차에 몸을 실었다.

부산에 도착한 나는 그 후 슬픈 나날을 보냈다. 아침에 일어나자마자 남편에 대한 근심과 고3 입시생인 막내딸에 대한 걱정, 또 미국에 홀로 두고 온 아들 걱정, 그리고 생활의 염려로 온종일 우울한 나날을 지냈다. 그러나 삶이 어렵고 힘들 때 가장 큰 위로는 오직 하나님의 말씀이었다. 그리고 주님을 의지하며 기도하는 일이 가장 큰 소망이었다.

하나님의 사람들

　　　　　　삶이 어렵고 힘들었지만, 하나님은 우리 가정 위에 촉촉한 은혜의 단비를 계속 내려주고 계셨다. 나에겐 부산에서 연지와 함께 지낼 수 있도록 집 문제를 주님께서 아름답게 해결해 주셨다. 부산에서 거처할 주거지를 찾던 중에 나의 딱한 사정을 아시게 된 신부산교회의 사모님(연지의 학교, 학부모)께서 그분 댁에서 우리 모녀가 살 수 있도록 배려를 해 주셨다. 신부산교회의 사모님은 사택으로 우리 모녀를 데려가셨고, 우리에게 잠자리와 먹을 것을 제공해주셨다. 목사님 내외분은 마음이 시리고 정서적으로 불안했던 우리 모녀에게 따뜻한 보금자리를 제공해주셨을 뿐만 아니라 많은 위로와 상담으로 우리에게 큰 은혜와 사랑을 듬뿍 제공해주셨다.

또 서울에 사는 남편의 주거 문제도 주님께서 매우 놀랍게 해결해 주셨다. 모 장로님이 새로운 오피스텔을 건축하셨는데 하나님으로부터 받은 은혜가 너무 커서 그중 한 채를 선교관으로 내어 놓으셨다고 한다. 그런데 남편이 그곳에 입주하는 혜택을 입게 된 것이다. 따라서 남편은 쾌적하고 깨끗한 새 오피스텔에서 생활하는 매우 놀라운 특혜(?)를 받아 편안하게 지냈다.

그리고, 산호세 세계선교교회 몇몇 지체들이 우리가 산호세를 떠난 이후부터 계속해서 생활비를 지원해 주셨다. 그들은 매달 헌금을 모아서 우리 가정에 보내줬는데 그들의 지속적인 관심과 끊임없는 사랑은 우리 부부에게 눈물겹도록 큰 위로가 되어주었다. 그들의 정성 어린 헌금은 생활에 큰 도움이 되었다.

이처럼 하나님의 사람들을 통해 우리 부부는 황량하고 거친 풍파 속에서도 하나님의 따스한 사랑을 받고 있었다. 차갑고 냉랭한 이 세상 속에서 하나님은 자신의 종들을 통해 믿음으로 선한 일을 하게 하셨고 우리 부부는 그분들을 통해 큰 은혜를 입고 있었다.

한편, 그 외에도 믿음의 동료들과 친정 식구들의 무조건적인 용납, 관심과 사랑이 있었다. 동료들은 지속적인 중보기도로 우리 가정을 도왔고 또 많은 지원을 통해 우리 부부를 섬겨주었다. 친정 식구들은 가족 모임을 자주 가졌는데 만날 때마다 마음을 나누는 대화 시간을 가졌다. 가족들은 우리 부부의 아픔을 이해해줬고 고통의 감정을 함께 나눠줬으며 영적, 정신적, 그리고 물질적인 나눔도 있었다.

이렇게 아름다운 사람들의 응원과 협조로 우리 가정은 비록 난파선과 같았으나 이 거친 세파를 헤쳐나가고 있었다. 이런 아름다운 하나님의 사람들이 존재하기에 하나님은 아직도 이 땅을 사랑하시며 당신의 비전을 당신의 사람들을 통해 이뤄 가시나 보다….

그동안 하나님의 사람들로부터 받은 아름다운 섬김과 은혜는 생각만 해도 항상 마음이 훈훈해진다. 그분들로부터 받은 사랑의 빚은 평생 잊지 못할 것이다….

남편의 변화

막내딸과 함께 부산에 거주하는 동안 나는 남편을 만나기 위해 종종 서울로 올라갔다. 막연하게 부산과 서울을 오가면서 정처 없이 살던 중이었는데, 어느 날 서울에 갔더니 남편의 모습이 갑자기 180도로 달라져 있는 것이다. 어둡고 허약했던 예전의 남편 모습은 찾아볼 수 없었고, 오히려 생동감이 느껴졌고 뭔가 활기차 보이기까지 했다. 수년 동안 남편을 괴롭혔던 당뇨병도 차츰 좋아졌고, 게다가 수개월 동안 그의 몸을 갉아먹던 대상포진도 사라졌다. 그런데 그런 육체적인 고초가 사라진 것보다 더 큰 일이 벌어진 것이 틀림없다고 생각했는데 나중에 알고보니 그것은 그의 내면이 변화된 사건이었다. 갑자기 환해지고 밝아진 그의 모습을 보고 처음에 나는 어리둥절했고 심지어 내 눈을 의심하기조차 했다. '그동안 남편에게 무슨 일이 생겼었나? 어떤 일이 생겼던 것일까?'라는 의혹의 시선으로 나는 남편의 얼굴을 찬찬히 살폈다.

그러자 남편이, "여보! 복음이 새로워졌어!"라고 말하는 것이다.

"뭐라고요?" 나는 얼른 반문하면서 혹시 잘못들은 게 아닐까? 라고 내 귀를 의심했다. 왜냐하면 남편은 복음을 명확히 알고 이해한 사람이었을 뿐만 아니라 평생 복음을 위해 헌신한 사람이었기 때문이었다. 게다가 그는 자타가 인정하는 복음주의자요, 오직 복음을 위해 평생을 달려온 목사가 아니었던가? 그런데 복음에 그토록 일가견이 있던 그가 복음을 새롭게 들었다니? 나로서는 도무지 이해되질 않았다. 그러자 곧이어 남편의 입에서 생뚱맞은 말이 쏟아져 나왔다.

"그동안 예수님의 부활을 놓치고 살아왔어!"

"네?" 나는 또 화들짝 놀랐다.

'복음은 곧 십자가에서 우리를 대신하여 돌아가신 예수님을 믿는 것일진대 그 십자가의 사랑이면 충분한 게 아닌가?'라고 나는 생각했다. 그런데 그런 내게 남편이 던진 말은 충격 그 자체였다.

"예수님의 부활이 복음이었어."

나는 그제야 남편에게서 범상치 않은 일이 생겼음을 알아차렸다. 그러나 한편 속으로 '아니? 부활을 모르는 그리스도인이 어디 있단 말인가?'라는 생각에 코웃음이 나왔다.

"여보! 예수님이 돌아가신 후 부활하신 사실을 모르는 사람이 어디 있어요? 우리가 믿는 것은 예수님의 죽으심과 부활이잖아요? 당신이 목회하는 동안 그토록 설교했던 내용도 바로 예수님의 십자가와 부활 사건이었잖아요?"라고 조심스레 반문했다.

이제야 복음을 순전히 알았다는 남편의 말에 나는 도무지 이해할 수 없었다.

순전한 복음

●

　　　　오직 십자가만이 복음의 진수라고 믿었던 내게 부활이 복음이라는 남편의 말은 큰 충격이었다. 나는 십자가가 부활로 확증되었다는 소식을 듣고서 매우 큰 혼란에 빠졌다.

　나는 여태껏 오직 십자가만을 믿고 고수한 채로 평생을 살아왔다. 하나님을 만난 이후로 복음이 곧 십자가라고 믿었고 십자가의 사랑만이 믿음의 근본이라고 믿었다. 또한 우리의 죄를 대속해 주신 그 사랑에 강권함을 입어 십자가 복음을 전하는 일에 우리의 생애를 주님께 바쳤다. 그 십자가의 사랑을 전파하기 위하여 우리 부부는 사역의 길로 들어섰고 그 후 23년간을 목회하며 살아왔다.

그런데! 여태껏 그토록 믿어왔던 십자가의 복음이 전부가 아니라니! 나로서는 커다란 허탈감을 느끼지 않을 수가 없었다. 그러나, 인간의 관점이 아닌 하나님의 관점으로 십자가를 바라보니 그제야 부활이 얼마나 중요한 사건인지 나중에서야 깨달을 수가 있었다. 인간의 관점에서는 나를 대속해 주신 십자가의 사랑이 매우 크게 보이지만, 거룩하신 하나님의 관점에서는 예수님은 우리를 죄에서 깨끗하게 하기 위해 십자가에서 우리 죄를 용서해 주신 후 우리 안에 들어와 사시려고 이 땅에 오셨던 거였다. 다시 말하면 하나님이 임마누엘 하셔서 나의 주인 되시기 위함이셨다. 그런데 우리가 다 알고 있다고 생각했던 복음, 너무나 익숙한 복음을 그동안 너무나 쉽게 간과하며 살았다는 사실을 나중에서야 알게 되었다.

이처럼 복음은, 성경대로 이 땅에 오셔서 우리의 죄를 위해 죽으시고 부활하신 예수님을 우리의 주(主)로 모시는 것이다. 그런데 우리는 그 복음을 처음에 믿음을 갖기 시작할 때만 필요한 것으로 여겼던 것이다. 그러니 예수님을 영접할 때만 그분을 주인(主人)으로 인정할 뿐, 그 이후로는 여전히 내가 주인 되어 살아갈 수밖에 없었던 것이다. 따라서 예수를 믿어도 사람들이 변하지 않는 원인이 바로 복음을 온전하고 바르게 받아들이지 못하고, 등한히 여겼기 때문이란 생각이 들었다.

아무리 예수님을 나의 주인이라고 고백하고 결심해도 부활하신 예수님이 누구신지 명확히 알지 못하면 실제 삶 속에서 영향력 있게 그분을 드러낼 수 없다는 사실을 나중에야 비로소 깨달았다.

그러나 당시 남편을 통해 부활의 의미를 들었을 때, 나는 남편을 이해할 수가 없었다. 그래서 남편의 말을 그저 묵묵히 들을 따름이었다.

예수는 나의 주!

오랫동안 침상에서 우울하게 지냈던 남편에게 생명력이 꿈틀거리는 놀라운 변화가 생겼기에 일단은 안도감이 들었지만, 내겐 아직도 현실적인 문제가 여전히 더 커 보였다. 그래서 남편의 내적 변화를 강 건너 불 보듯 그저 관망만 할 따름이었다. 아니 오히려 둔감했고 무심했다. 내겐 당장 코앞에 닥친 현실적인 문제가 더 크고 중요했기 때문이다. 내 마음은 오직 남편 건강에 대한 근심, 또 자녀들 걱정, 그리고 생활의 염려로 가득 차 있었다. 그것이 현실적인 압박감이 되어 나를 크게 짓눌렀다. 그것은 예수님이 나의 주인이 안 되어서 나타난 현상이었다. 염려, 근심과 걱정의 통치를 받으며 사니 삶이 힘들 수밖에 없었다.

예수를 오래 믿었어도 왜 내 삶이 이토록 변하지 않는 걸까? 고민하며 나를 가만히 들여다보니, 내 마음의 주인이 예수님이 아니라 나였기 때문이란 사실을 발견했다. 믿는다는 것은 나의 죄를 위해 십자가에서 죽으시고 부활하신 예수님이 바로 나의 왕(王) 되시고 나의 주(主)되심을 인정하고 믿는 것이었다.

예수님께서 공생애를 시작하실 때 처음으로 선포하신 말씀이 '회개하고 복음을 믿으라'마가복음 1:15였다. 그리고 사도 바울도 '하나님께 대한 회개와 우리 주 예수 그리스도께 대한 믿음'사도행전 20:21을 전하였다. 그러므로 진정한 회개는 내가 주인 된 자리에서 내려오고 나 대신 예수님을 주인으로 모시는 것이다. 따라서 '네가 만일 네 입으로 예수를 주(主)로 시인하며…'로마서 10: 9라는 의미는 바로 복음 자체다. 즉 내가 주인된 죄를 회개하고 예수님을 주인으로 영접할 때 진정한 믿음이 생기는 것이다.

> "네가 만일 네 입으로 예수를 주(主)로 시인하며 또 하나님께서 그를 죽은 자 가운데서 살리신 것을 네 마음에 믿으면 구원을 받으리라" _로마서 10:9

말씀을 묵상하다가, 나는 그동안 예수님을 구원자(Savior)로 믿었을 뿐, 주인(Lord)으로 부르는데 약했다는 사실을 인정했다. 그제야 나는 부활을 놓치고 살아왔던 자였음을 인정했다. 그 후, 주인 되신 예수님 앞에 진정으로 무릎을 꿇었다.

내가 주인 된 자리에서 내려오다

어느 날 아침, 느닷없이 온갖 염려, 걱정과 근심이 또 나에게 산더미처럼 몰려왔다. 지병으로 인해 사역지를 잃고 살아가는 남편의 불확실한 미래에 대한 염려, 또 자녀들 걱정, 생활의 염려가 내게 큰 불안감으로 찾아왔다. 염려와 근심이 나를 삼킨 것 같았다. 여느 때처럼 성경을 펴서 말씀을 묵상하고 또 기도를 오래 했음에도 불구하고 마음이 계속 초조해져 좌불안석이 되었다. 그날은 아무리 성경을 읽고 묵상해도 또 아무리 기도해도 염려와 근심이 사라지지 않았다.

오히려 남편을 향해 몰려오는 불안감과 자녀들을 향한 염려와 근심이 계속 내 마음에 쌓여만 갔다. 그래서 마음을 다부지게 먹고 정신을 차리고 다시 주님께 나아갔다. 그리고 부활하신 예수님이 하나님이심을 인정하며 그분이 나의 주인 되심을 고백하는 기도를 주님께 올려드렸다. 그 후 조용히 눈을 감고 또다시 기도했다. 그랬더니 기도 중에…, 내가 극심한 염려와 근심 가운데 있는 이유는 어떤 방법을 사용해서라도 남편과 자녀들의 상황을 바꿔 보려고 노력했으나 어찌할 도리가 없음을 알고 절망했기 때문이라는 생각이 언뜻 들었다. 다시 말하면 문제를 내 힘으로 풀어보려 했지만, 그것이 절대로 이뤄질 수 없다는 한계에서 오는 자아의 한이며 절규였음을 발견했다. 그것은 문제를 내 힘으로 해결하려는 교만으로부터 기인한 것이었다.

결국 내 주인이 '교만'이었기에 나타난 현상이었다. 순간 아! 내가 예수님을 놓쳤구나! 그리고 예수님 자리에 내가 앉아 있구나! 라는 생각이 들면서 나의 주인이 예수님이 아니라 나! 나 자신이었구나! 라는 사실을 깊이 깨달았다. 그 순간, 내가 주인 된 자리에서 내려오고 예수 그리스도가 나의 주인 되심을 인정하는 기도를 온 맘 다해 주님께 올려드렸다.

이렇듯 예수님을 나의 왕, 나의 주인으로 인정하며 그분께 굴복하자, 놀랍게도 염려, 근심과 걱정이 줄어들고 주님의 평강이 내 마음에 자리 잡기 시작했다. 그날 아침 복음의 위력과 능력을 크게 경험했고 부활의 권능이 얼마나 크고 위대한가를 깊이 체험했다.

오직 예수!

염려, 근심과 걱정의 늪에서 벗어난 그 날은 주일 아침이었다. 교회로 가서 예배를 드린 후 예배당 밖으로 나가니, 등나무 밑에서 지체들이 옹기종기 모여 교제를 나누고 있었다. 나는 그곳에서 아는 목사님을 만났다. 너무 반가웠다. 그분을 뵙자마자 아침에 내게 벌어졌던 사건(?)을 말씀드렸다. 환경에 짓눌려 숨이 답답할 지경까지 갔었노라고…. 염려와 근심이 몰려와서 마음이 죽을 것 같았노라고…. 그러면서 당시의 상황을 자세히 설명해 드렸다. 그랬더니 그분께서, "생명이 있는 자는 환경에 반응하는 자가 아니라, 말씀에 반응하는 자가 되어야 합니다!"라고 말씀하셨다. 그 말씀을 듣는 순간 찬물에 끼어 맞은 듯 정신이 번쩍 들었다.

'아! 평소에 내가 이처럼 형편없는 인간이었구나! 그리스도인으로서 살아가야 할 마땅한 기본조차도 놓치고 살아온 정말 한심한 존재였구나!'라는 생각이 들었다. 몹시 부끄러웠다. 염려, 근심과 걱정을 가져다주는 환경과 상황에 의해 좌지우지되지 말고 즉 환경의 지배를 받지 말고, 오직 주와 그의 말씀의 통치를 받으며 살아가야겠노라고 굳은 결심을 하면서 그날 집으로 돌아왔다.

다음 날 아침 경건의 시간 본문은 사도행전 3장 1~26절까지 말씀이었다. 베드로는 성전 미문의 앉은뱅이에게 "은과 금은 내게 없거니와 내게 있는 이것을 네게 주노니 나사렛 예수 그리스도의 이름으로 일어나 걸으라"사도행전 3:6 하면서 그를 고쳐 주었다. 그러자 백성들이 매우 놀라워했다. 하지만 바로 그때 베드로가 백성들에게

"이스라엘 사람들아 이 일을 왜 놀랍게 여기느냐 우리 개인의 권능과 경건으로 이 사람을 걷게 한 것처럼 왜 우리를 주목하느냐"사도행전 3:12라고 말한다. 베드로는 기적을 행한 후 받게 될 사람들의 칭찬과 환호를 마다했고, 사역을 잘 감당한 이후에 얻게 될 인기와 명예도 포기했다. 그리고 모든 초점을 예수님께로 돌렸다.

"아브라함과 이삭과 야곱의 하나님 곧 우리 조상의 하나님이 그의 종 예수를 영화롭게 하셨느니라… 그 이름을 믿으므로 그 이름이 너희가 보고 아는 이 사람을 성하게 하였나니 예수로 말미암아 난 믿음이 너희 모든 사람 앞에서 이같이 완전히 낫게 하였느니라" _사도행전 3:13, 16

그는 치료의 능력이 자신에게 있는 것이 아니라 예수로 말미암아 난 믿음이라고 힘있게 증거했다. 그 말씀을 묵상하는데 전날에 '(예수님의) 생명이 있는 자는 환경에 반응하는 자가 아니다'라는 말씀이 문득 떠올랐다. 따라서 염려, 근심과 걱정 같은 부정적인 감정을 일으키는 환경에서뿐만 아니라, 사역을 감당한 이후에 주어질 영광의 순간에도 초연해져야 한다는 교훈을 받았다.

앞으로 내게 어떠한 존귀와 존영이 올지라도 모든 초점을 오직 예수 그리스도께 두며 그분께만 반응하며 그분께만 영광을 돌리는 자가 되기로 새로이 다짐했다.

4부

남편을 보내는 사모의 애가(哀歌)

기쁜 소식들

마침내 막내딸이 고등학교를 졸업하고 서울에 있는 대학에 합격했다. 그래서 우리 모녀는 부산에서의 삶을 청산하고 드디어 서울로 이사를 했다. 남편과 헤어져 산 지 1년 만에 나는 다시 남편과 합류했다. 따라서 우리 부부와 연지, 이렇게 셋이 한 가정을 이루어 사는 삶이 시작되었다. 이로 인해 우리 가정에 큰 기쁨이 임했다. 그런 와중에 또 놀라운 사건이 생겼다. 남편이 서울침례교회 담임목사로 청빙 받게 된 것이었다.

서울침례교회는 1946년 9월, 월남한 성도들에 의해 수도권에 세워진 최초의 침례교회로서 한국 침례교단의 1번지 교회로 불리는 오랜 역사와 전통을 자랑하는 교회이다. 한국 침례교단의 주요 인물들의 계보를 이어가고 있는 모범적인 교회로서 1980년대 전반 이동원 목사님이 담임 사역을 하던 시절, 한국교회에 부흥의 새바람을 일으켰던 교회이다.

한편 서울침례교회는 남편의 모 교회이기도 했다. 이동원 목사님의 제자였던 남편은 젊은 시절, 평신도로서 대학부 지체들을 섬겼다. 신혼 때 남편은 대학부 형제들을 우리 집으로 데려와 함께 교제하며 밤을 새운 적이 많았다. 남편이 젊은 시절에 사랑을 쏟으며 헌신했던 서울침례교회로부터 담임 목사로 청빙을 받다니! 마치 꿈만 같았다.

그때 우리는 에스겔 3장 말씀을 묵상하던 중이었다.

"그가 또 내게 이르시되 인자야 이스라엘 족속에게 가서 내 말로 그들에게 고하라…"에스겔 3:4-5라는 말씀을 읽는데, 이스라엘 족속이 서울침례교회라는 생각이 들었다.

아무튼 서울침례교회는 청빙위원들의 마음이 하나가 되어 만장일치로 남편을 담임목사로 확정했다. 그러나 청빙위원회의 결정은 사무총회에서 투표를 통과해야 효력이 발생한다.

드디어 사무총회가 있던 날이다. 오후 2시에 투표가 시작되는데, 그 시간에 나는 집에서 무릎 꿇고 주님께 기도드렸다. 나는 남편이 투표에서 담임목사로 결정되게 해 달라고 기도하지 않았다. 오직 하나님의 뜻만이 온전히 나타나게 해 달라고 기도했다. 그리고 요한복음 15장 5절 말씀이 이뤄져 하나님의 통치가 나타나는 교회가 되게 해 달라고 간절히 기도했다. 그리고 우리 부부가 주님의 통로가 되어 오직 하나님이 영광을 받으시도록, 또 우리가 그리스도의 종이요 하나님의 일꾼임을 나타나게 해 달라고 간절히 기도를 드렸다.

드디어 오후 3~4시경 남편으로부터 전화가 왔다. 사무총회에서 85%로 남편의 담임목사 청빙안이 통과되었다는 것이다! 나는 그때 주님의 뜻이 이뤄졌다는 생각에 마음이 몹시 기뻤다. 주님께서 우리에게 미리 말씀하셨고 주님은 그 말씀을 우리를 통해 실행하셨다. 이로써 남편은 서울침례교회의 담임목사가 되었다.

남편의 담임목사 청빙 소식, 그리고 연지의 대학 진학은 2012년도에 주님께서 우리 가정에 주신 대 축복 사건이었다. 이후 우리 가정에 기쁜 일들이 연달아 일어났는데 모두 다 회복을 알리는 축포로 느껴졌다.

순전한 복음에
정초한 남편의 목회 비전

남편을 치료하시고 회복시키신 후에, 그를 사역의 현장으로 보내시는 하나님의 섭리가 너무 놀라웠다. 남편은 목회 초창기 때부터 주님의 몸 된 교회를 온전히 세워 복음으로 이 세상을 변화시키는 것, 즉 세계 선교를 이루는 것이 목회의 본질이라고 생각하면서 목양했다. 그래서 순전한 하나님의 나라가 물이 바다를 덮음같이 이 땅에 온전히 임하는 그 날이 도래하길 간절히 사모하면서 목회했다. 서울 침례교회에서도 부임 첫날부터 남편은 오

비전

래전부터 그의 가슴속 깊이 자리하고 있던 자신의 비전(The vision)을 일관되게 펼쳐 나갔다.

남편의 교회관은 "주는 그리스도시요 살아 계신 하나님의 아들이시니이다"라는 베드로의 신앙고백을 기초로 온전한 교회를 세우는 것이었다. 남편은 침례교회가 신약 성경에 이상을 둔 하나님의 순수한 교회라고 믿었다. 그는 자신이 침례교회 목사가 된 것을 매우 자랑스러워하면서, 신약 성경의 이상을 그대로 좇아가는 교회를 온전히 세우고자 했다. 그가 바라보았던 이상적인 교회 상(像)은 사도들의 가르침을 받아 교제하고 떡을 떼며 오로지 기도에 힘썼던 사도행전2:42의 초대교회 모습이었다.

이런 교회가

한편, 남편은 세속에 때 묻고 물들지 않은 복음의 순수성을 사랑하며 그 복음을 추구하며 살았다. 그의 삶이 부활하신 예수님께 초점을 맞춘 후부터는 그가 전하는 복음은 한층 순전해졌다. 남편 설교의 핵심은 항상 부활하신 예수님이셨다. 부활의 증거를 통해 예수가 하나님이시란 사실을 알고, 십자가에서 흘리신 피가 얼마나 값진 피인가를 깨닫고, 내가 주인 된 죄를 회개하고 예수님을 주인으로 모셔야 한다고 그는 늘 증거했다.

이렇듯 남편은 하나님의 나라가 우리 가운데 임하는 것 즉 묵시(The vision)를 이루기 위해, 예수 그리스도가 이 땅을 통치하시는 하나님 나라를 소망 중에 바라보고, 성령님을 의지하면서 순전한 복음을 증거하며 서울침례교회 영혼들을 섬기며 목양했다.

어떻게 복음을

평화로운 교회의
정경 스케치

 어느 침례식이 있기 전날이었다. 침례식은 보통 주일예배 시간에 행하기에 그 전날 성도들이 모여서 침례식 행사를 준비하곤 했다. 그날의 전경이 마치 아름다운 수채화처럼 보여 그 모습을 스케치하고 싶었다.

 여 선교회 회원들은 교육관 1층에 옹기종기 모여서 꽃송이로 꽃다발을 만들었다. 침례 받을 이들을 축하하기 위해 하얀 안개꽃 위에 빨간 장미꽃을 우아하게 얹고서 랩으로 감싸면 멋진 꽃다발이 된다. 정성껏 만든 꽃다발은 침례 받는 이들을 위한 선물이 된다. 이것이 우리 교회의 독특한 전통이었다.

여 선교회 회원들이 꽃다발을 만드는 동안, 엄마를 따라 교회 온 어린이들은 교회 앞마당에 모여 저희끼리 재잘거리며 놀고 있었다. 손을 잡고 교회 마당을 배회하는 아이들, 교회 담벼락 아래 꽃밭에서 꽃 구경하는 여자아이들, 그리고 물총을 마구 쏘아대는 사내아이들….

아이들이 교회 마당에서 뛰노는 모습의 뒤쪽에는 부엌에서 봉사자들이 솥을 씻으며 다음날 식사를 준비하는 모습이 보인다. 우리 교회에는 베테랑급 요리사들이 많이 계셨다. 주일 식사를 준비하기 위해 토요일에 오셔서 온종일 멸칫국물부터 시작해서 밑반찬 등 음식을 준비하신다. 교회 앞마당에서 이리저리 뛰노는 아이들 뒤로 부엌일에 몰두하시는 어르신들의 모습이 너무나 정겨워 보였다.

그때 교회 사무실에서는 토닥토닥 컴퓨터 자판을 두드리며 일하는 사역자들이 있다. 우리 교회 사역자들은 각자 맡은 사역의 장에서 최선을 다해 일한다. 그들의 수고와 헌신은 정말 감동적이다.

또, 목양실엔 설교를 준비하기 위해 열심히 책상에 앉아서 말씀을 묵상하는 남편의 모습도 있다. 그는 설교를 제일 소중한 교회 사역이라고 믿었다. 설교를 통해 많은 영혼을 주님께로 이끌어야 한다는 사명감이 늘 그의 마음을 지배했다. 따라서 남편은 설교하는 일에 집중하며 교회 사역을 주도했다.

이렇게 교회의 아름다운 정경들이 나의 눈앞에 펼쳐져 보였다. 그런데 그뿐이 아니었다. 주일 날을 준비하기 위해 누군가가 예배당을 쓸고 닦고 청소를 하고 있었다. 청소 담당자도 아닌데 교인들은 자원해서 교회 청소를 했다. 정말 아름다운 헌신이다.

토요일 어느 날, 우리 교회의 모습을 바라보다 이렇게 스케치해보았다. 정말 아름답고 평온한 교회의 풍경이 내 맘 속에 그려졌기 때문이다. 내가 만일 화가라면 그 장면들을 화폭에 그려내고 싶었다. 그러나 주일이 되면 더 많은 헌신된 일꾼들의 모습으로 교회가 가득할 것이기에 그들 모두를 담아내기에는 아마도 캔버스가 부족할 것이다.

아들의 전화

　　　　　　　　　●

　　　　　어느 날, 미국에서 공부 중인 아들로부터 전화가 왔다. 연익이는 예전에 자신의 전공을 찾지 못해 많은 시간을 보냈다. 그러다가 정말 주님의 은혜로 아들은 자신에게 가장 적합한 전공을 찾았는데, 그것은 음향이었다. 음향 전공을 하기전까지는 연익이가 그토록 행복해하고 그처럼 공부에 열중하는 것을 본적이 없었던 것 같다. 이제 장학금을 받으며 공부 중이다. 너무나 기특했다. 자기 적성과 소질을 발견하고 그것을 개발해 나가는 일은 정말 주님의 축복인 것 같다. 연익이는 너무나 보람찬 학창 시절을 보내고 있다. 그런데 어느 날, 아들로부터 전화가 와서 이런

저런 이야기를 하던 중에 연익이가 대뜸,

"엄마는 자식들을 잘 키운 것 같아요!"라는 것이다.

"?"

나는 깜짝 놀라 아무런 대답도 못 했다. 그랬더니 아들이, "누나도 좋은 매형 만나서 지금 잘살고 있고, 나도 좋은 학교 다니고 있으니까. 하하! 그런데 연지는 더 두고 봐야지! 지금 대학생이니까. 아무튼!"

"!"

나는 묵묵히 아들의 이야기만 듣고 있었다.

그러자 지난날이 문뜩 주마등처럼 떠 올랐다.

큰딸이 미국에서 대학 다닐 때, 학비가 없어 쩔쩔매던 기억이 떠올랐다. 가난한 목회자 가정이라 미술을 전공하는 딸애를 제대로 뒷바라지 못 해준 게 너무도 가슴이 아팠다. 하지만 같은 대학 남학생을 만나 결혼해서 지금 행복하게 살고 있다. 그리고 아들이 전공을 찾지 못해 너무나 애를 태웠던 시절이 있었고, 또 막내딸도 한국에 돌아와서 적응하는데 어려움을 겪으며 힘들었던 지난날이 뇌리를 스쳤다. 그런데 그 모든 먹구름이 사라지고 이제는 맑고 밝은 날이 왔으니, 자식들이 너무나 대견하고 기특해서 퍽 기쁘고, 감사했다.

'내게도 이런 날이 오다니!' 감격스러웠다.

그뿐 아니라, 남편은 한국으로 돌아온 후 2년 동안 투병 생활을 했다. 목회 사역도 쉬었다. 그러나 2년 동안의 휴식을 통해 그의 몸을 회복시키신 하나님은 너무도 과분한 목양지를 우리에게 허락해 주셨다. 아무튼 그날, 나는 아들과 통화하다가 진한 감동을 받았다. 아들로부터 칭찬을 받으니 이루 말할 수 없이 기쁘고 행복했다.

자식으로부터 받는 칭찬은 생애 최고의 선물이며 축복일 것이다.

남편의 스트레스

　남편은 하나님 앞에서, 말씀 앞에서 순전한 사람이었다. 그래서인지 그는 복음을 증거하고 말씀을 선포할 때는 신바람이 났지만, 교회의 각종 모임에 참석하여 회의하는 일들은 매우 부담스러워했다. 때로는 하나님의 통치가 아닌, 사람들의 지혜와 논리가 모임에서 성행하기 때문이다. 남편은 오래전부터 알았다. 하나님의 나라를 세우는 데 가장 방해가 되는 것이 인본주의라는 것을…. 그는 목회 초창기 때부터 그런 고민에 시달렸다.
　초대 교회들이 각기 나름의 특성과 관습이 있었던 것처럼, 오늘날의 교회들도 자기 교회의 특성에 맞는 관습을 만든다. 그리고 대부분 그것이 전통이 되고 있다. 교인들이 교회를 유지하고 관리하기 위해 나름대로 규약과 규례를 만드는데, 어느 때는 하나님의 말씀보다 사람들이 만든 규약이 더 우위에 있게 될 때도 있다. 교회를 사랑하는 교인들의 '열심'이 낳은 결과이다. 그러나 그러한 특심이 자칫 하나님의 공동체를 인간의 회(會)로 전락시키는 경우도 있는 것 같다.

한국교회는 외형적 모습을 잘 유지하고 관리하기 위해 많은 조직을 갖추고 있다. 특히 오랜 전통을 가진 교회일수록 그런 조직과 모임의 숫자가 많은 것 같다. 사무총회, 제직회, 운영위원회, 목양위원회, 인사위원회 등등. 교회의 나이만큼 모임의 숫자도 점점 많아지는 것 같다.

남편이 목회하면서 가장 힘들어했던 부분은 바로 비본질적인 모임에 참석하는 일이었다. 그런 인간중심의 회(會)에 참석하는 일은 목회의 가장 큰 스트레스며 부담이었다. 그런 모임에 참석하는 날이 다가오면, 남편은 내게 마치 도살장으로 끌려 들어가는 심정 같다고 말했다. 모임이 끝나면, 그는 파김치라도 된양 녹초가 된 상태로 집으로 돌아오곤 했다. 그로 인해 그는 점점 쇠약해졌고 몸도 병들어갔다.

그가 첫 목회지에서 얻은 중풍증세와 당뇨는 이후 점점 더 악화하여 갔다. 목회 초창기 시절부터 그의 왼쪽 팔다리가 마비되곤 했었는데 그 증상은 도저히 가라앉질 않았다. 서울침례교회에서 사역할 무렵엔 몸의 여러 곳에 통증이 나타나 그는 몹시 힘들어 했다. 통증 때문에 밤을 꼬박 새울 때도 많았다. 육신의 고통 때문에 그는 하루하루를 힘들고 버겁게 살아가야만 했다. 남편의 끙끙대는 목회 현장을 지켜보며, 나는 묵묵히 기도밖에 할 수 있는 게 없었다.

"주여! 남편에게 목회를 감당할 힘을 허락해 주소서!

사람들의 언행에 스트레스를 받지 않게 해주소서!

오직 주님의 말씀과 성령께만 매인바 되는 주의 종이 되게 해주소서!"

더불어 교회의 주인이 속히 예수님이 되게 해 달라고 간구했다.

"주여! 교회의 머리는 예수님이십니다. 주님이 우리 교회의 주인이 되셔서 우리 교회를 친히 다스리시고 통치하여 주옵소서! 오직 복음과 주의 말씀만이 흥왕하고 성령님이 운행하시는 그런 교회가 되게 해주소서!"

그리고 남편에게, 오직 주님만 바라보자고 격려하면서 그의 마음을 깊이 위로해 줬다. 나는 남편이 주님의 사명과 소명을 감당하도록 돕는 것이 사모의 본분이라고 굳건히 믿고 있었다. 그것이 하나님을 섬기는 일이라고 생각했었다.

수련회였던
가족 여행

서울침례교회는 해마다 사역자들에게 한 주간의 휴가를 준다. 한번은 휴가을 앞두고 우리 부부는 대학생인 막내딸과 함께 휴가 계획을 세우고 있었다. 그런데 막내딸 연지가 기특하게도 이번 휴가 중에 가족 수련회를 하자고 제안했다. 그렇게 멋진 아이디어를 제안한 연지가 너무 기특했다. 우리 부부는 흔쾌히 그러자고 대답했다. 휴가 장소는 남해 바닷가로 정했다. 우리 부부는 연지와 함께 그곳에서 지낼 일정을 계획했다. 아침엔 다 같이 성경 공부하고, 낮엔 놀고 쉬고, 그리고 저녁엔 기도회를 갖자고 계획했다. 그런 가족 수련회를 기대하며 우리는 휴가를 맞아 목적지를 향해 신나게 출발했다.

드디어 남해 바닷가의 숙소에 도착했다. 그날 밤 여정을 풀고 다음 날 아침에, 계획대로 세 식구가 함께 모였다. 교재는 우리 교회에서 사용하고 있는 소책자다. 그런데 아침에 다 함께 성경 공부를 하려는데, 남편이 나한테 "내 책 잘 챙겨왔지?"라는 것이다.

"어? 내 책만 챙겨왔는데요. 당신 것은 당신이 챙겨와야죠."라고 말했더니, 남편이 "책이 작으니까 당신이 내 것도 같이 챙겨와야지!"라며 볼멘 목소리로 말하는 것이었다. 순간 속에서 화가 치밀어 올랐다. 여행 준비를 할 때 남편이 한 일이 하나도 없어 은근히 불만이 있던 차였는데 본인 책도 안 챙겨오다니! 게다가 모든 것을 아내에게 미루다니! 그런 남편의 소행이 못마땅했다. 원래 책임감이 강하고 남에게 잘 미루지 않던 남편이 내 탓을 하자 그만 부아가 치밀어 올랐던 것이다. 그러나 다행히 여분의 책을 가져와서 그날 아침의 성경 공부는 무사히 끝냈다. 셋이 마주 보고 앉아서, 돌아가면서 소책자를 읽었는데 너무나 은혜로웠다.

그런데 성경 공부 시간이 끝나자마자 남편이 막내딸에게, "연지야! 아빠 책은 이제부터 네가 챙겨라!"라고 말하는 것이 아닌가. 남편은 또 자기 것을 본인이 챙기지 않고 딸에게 미뤘다. 아내가 삐져 있다는 사실을 눈치챘던지 '당신 말고 다른 사람 없는 줄 알아? 내게는 딸이 있다고~'라는 느낌이었다. 그때 내가 좀 예민했던 것 같았다. 그러나 지혜로운 연지는 아빠의 요청을 흔쾌히 받아들였고, 휴가 내내 아빠를 계속 챙겨드렸다. 이렇게 연지의 아름다운 섬김으로 우리의 가족 수련회였던 휴가를 모두가 행복하게 보냈다.

우리는 아침에 성경 교재 소책자를 읽었고, 낮에는 바닷가에 가서 놀며 맛있는 음식을 사 먹었고, 저녁엔 셋이 모여 기도회를 했다. 정말 너무나 재밌고 은혜로운 휴가를 보냈다.

그러나, 그때 내가 남편의 건강 상태를 좀 더 세밀하게 관찰하고 신경 썼더라면, 남편의 자질구레한 일들을 미리 챙겨줬을 텐데… 난 그때까지도 남편의 병이 그렇게 심각한 줄 몰랐다. 그저 매사에 귀찮음이 많아지고 작은 일도 버거워한다고만 생각했었는데, 그게 다 건강 악화로 인해 일상생활에서의 힘듦이 드러난 것이라는 사실을 나중에서야 깨달았다.

남편의 뇌경색 발병

어느 날, 새벽예배를 드리는데 남편의 언행이 몹시 수상했다. 새벽예배를 인도하러 강대상으로 올라가는 그의 발걸음이 그날따라 몹시 비틀거리는 것이었다. 오래전부터 남편은 왼쪽 팔다리에 힘이 없어 걸을 때마다 다리를 질질 끌고 다녔다. 그런데 그날은 유난히 다리를 더 심하게 끌었다. 겨우 강대상까지 올라가긴 했지만, 예배를 인도하는 그의 목소리도 너무나 이상했다.

성경봉독을 하는데 제대로 성경을 읽지 못하더니, 간신히 성경봉독을 끝낸 후 그는 도저히 설교를 못 하겠다면서 자리에 주저앉았다. 그 광경을 보고 깜짝 놀란 교인들과 함께 남편을 부축해 사택으로 와서 얼른 침대에 그를 눕혔다.

그때, 아무래도 의사이신 이 집사님께 전화를 드려야겠다는 생각이 들었다. 전화를 드렸더니, 이 집사님께서 놀라시며 혹여 뇌경색일지 모르니 빨리 119 구급차를 불러서 병원 응급실로 가라고 나를 독촉하셨다. 그 말을 듣는 순간 너무 놀라 온 몸이 떨렸으나, 긴급한 상황이라 119 구급차를 불러 남편을 태우고 병원으로 갔다. 그리고 여러 검사를 받았다.

"심근경색이 왔습니다. 하마터면 큰일 날 뻔했습니다. 뇌동맥 혈관이 막혔었는데 다행히 뚫렸습니다. 그러나 혈관이 70% 좁아져서 곧 시술해야 합니다."

병원에 입원한 지 보름 만에 남편은 뇌혈관 스텐트 시술을 두 군데 받았다. 스텐트 시술이란 협착된 부위의 혈관에 도관을 삽입한 후 풍선 확장술을 시행하고, 스텐트(그물망)를 설치하여 혈관 내경을 넓히는 시술이다. 남편의 시술은 성공적으로 잘 이뤄졌다. 그래서 퇴원 준비를 하려는데 주치의가 남편에게 한가지 제안을 했다.

"뇌혈관이 여러 군데 막혔으니, 아마도 심장 혈관도 의심이 됩니다. 그러니 이왕 입원하신 김에 심장혈관조영 검사를 해 보시는 게 좋을 것 같습니다."

그래서 주치의의 조언대로 심장혈관조영 검사를 했더

니, 우려가 현실로 판명되었다.

"심장 혈관이 다섯 군데나 막혀 있습니다. 따라서 다른 혈관으로 갈아 끼우지 않으면 매우 위험합니다. 관상 동맥 우회술을 받으십시오."

검사 결과를 듣고서 우리는 너무나 큰 충격에 빠졌다.

공동체의 사랑

　삼성 서울병원에서 남편이 입원한 병실로 심장혈관 흉부외과 의사가 직접 찾아왔다. 의사는 남편의 상태가 매우 위험해서 당장 수술을 해야 할 형편이라고 말했다. 그러나 뇌경색이 왔기 때문에 곧바로 대수술하는 것은 매우 위험해서 얼마간 간격을 두어야 하니 두 달 후에 수술하자고 했다. 그리고 수술 방법과 내용 등을 자세히 설명해 주었다.
　"관상동맥 우회술은 심장에 혈류를 공급하는 관상 동맥이 좁아져 이를 대체할 다른 혈관을 만들어 주는 수술입니다. 환자의 경우는 가슴뼈 안쪽의 내흉동맥을 잘라서 혈관을 대체해 이어 줄 것인데 수술 소요 시간은 5~6시간 걸립니다."

의사의 설명을 듣고, 우리 부부는 일단 퇴원했다. 그 후, 교회에서 제공한 휴가를 휴양지에서 보내기로 하고 그곳으로 떠났다. 아침 먹고 산책하고, 점심 먹고 또 걷고…. 매일 반복되는 일상생활이 휴양지에서 계속되었다. 남편은 아침 공복에 혈당 검사하고, 인슐린 주사 맞고, 식후마다 또 혈당 재고, 오직 당 관리에만 초점을 맞추며 지냈다. 지루한 일상생활이지만 어쩔 수 없었다.

오랫동안 삼성병원에 입원했었고 퇴원 후, 일주일 동안 요양지에서 지냈는데, 그동안 많은 교인이 병문안을 왔고 위로의 손길과 사랑의 표현을 보내왔다. 병든 목회자를 위해 애정과 사랑을 표시한 그들의 헌신이 너무나 아름다웠다. 게다가 서울교회 공동체가 남편의 병원비 전체를 담당해 주었다. 큰 금액이어서 우리 형편으로는 해결할 수 없는 금액이었다.

> "누구든지 하나님의 뜻대로 행하는 자가 내 형제요 자매요 어머니이니라"_마가복음 3:35

예수님께서 우리에게 가르쳐 주신 새로운 가족관이다. 예수 공동체는 혈연과 인연으로 맺어진 관계가 아닌 예수의 보혈로 함께 상속자가 되어 맺어진 공동체이다. 어렵고 힘든 일을 당할 때, 예수 가족 공동체의 소중함을 더 절실히 느끼게 된다. 아무튼 남편이 종일 혈당 관리를 하며 건강에 신경을 써도 몸은 여전히 힘들었다. 장시간의 회복 기간이 필요한 상황이기 때문이었다.

그런데 남편은 한 주간의 휴식을 접고 다시 교회로 돌아가 강대상에 서겠노라고 교회에 통보했다. 교인들이 좀 더 휴식을 취하라고 권면했지만, 남편은 막무가내였다. 자신도 충분한 휴식이 필요한 형편인 줄 알고 있지만, 그는 마냥 자신의 육체의 연약함에 머물러 있으려 하지 않았다. 하나님의 종으로 소명 받은 자의 의무를 감당하고자 함이었고, 또한 서울교회의 영혼들을 위해서였다. 남편은 자신의 몸을 회복시키는 일보다 예수의 몸 된 교회 공동체를 회복하고 세우는 일을 더 소중히 여겼다. 그는 자신보다 사명을 더 귀히 여기는 목사였다.

그래서 다소 짧은 요양 시간을 보낸 후, 남편은 교회로 돌아왔다. 다시 듣게 된 담임 목사의 설교를 경청하는 성도들의 마음은 근심 반, 기쁨 반이었을 것이다. 하지만 목사의 건강에 대한 염려와 안타까움으로 어둡던 성도들의 얼굴은 남편의 힘찬 설교로 말미암아, 어느새 환한 얼굴로 변해 갔다.

남편이 입원한 날

드디어 관상동맥 우회술을 하기 위해 삼성 서울병원에 입원하기로 한 날이다. 뇌경색으로 입원하여 스텐트 시술을 받은 후 남편은 일단 퇴원했었고, 그 후 거의 두 달 가까이, 남편은 매우 노심초사하며 지냈다. 나와 연지도 역시 남편을 돌보고 관찰하는데 온통 신경을 곤두세우며 살았다.

남편의 심장 혈관이 거의 막혔다는 사실을 알고 나니, 남편을 바라보는 시선이 예전과는 사뭇 달라졌다. 혹여라도 남편에게 무슨 일이 생길까 봐 늘 남편을 감시하고 보살피며 살아야 했다. 화장실에서 늦게 나오면 혹시 무슨 일이 생긴 줄 알고 문을 열어보기도 했고, 식사 후 산책하는 남편에게 행여 무슨 일이 생길까 봐 불안해서 항상 뒤좇아 가서 남편과 함께 걷곤 했다. 또 잠시 외출할 때는 연지에게 남편을 맡겼고, 수시로 전화해서 남편의 상황을 파악하곤 했다. 그뿐만 아니라 남편의 식단 관리에 하루가 모자랄 정도로 온통 신경을 쓰며 살았다.

입원한 날은 수술 준비(피 검사 등)로 바쁜 일정을 보냈다. 그런데 그 와중에 남편의 은사님이신 침례신학대학 전 총장 이정희 교수님으로부터 전화가 왔다. 그리고 남편을 위해 기도하실 때, 하나님께서 예레미야 17장 14절 말씀을 주셨다고 하셨다. 그 말씀은 대수술을 앞에 두고 불안에 떨고 있던 남편에게 너무나 큰 위로가 되었다.

> "여호와여 주는 나의 찬송이시오니 나를 고치소서 그리하시면 내가 낫겠나이다 나를 구원하소서 그리하시면 내가 구원을 얻으리이다"

오후에 담당 의사가 우리 가족을 불렀다. 연지도 아빠 엄마와 함께 갔다. 의사는 우리에게 수술에 관해 설명해 주면서, 동의서를 쓰게 했다. 그 후 우리는 교육실로 이동해 관상

동맥 우회술에 대해 자세한 설명을 또 들었다. 그리고 남편 수술이 어떻게 진행될 것인지 자세한 설명도 들었다.

병원에 한동안 머물던 연지는 다음 날 수업을 위해 집으로 돌아갔다. 저녁에 남편을 샤워시킨 후 우리 부부는 함께 기도했다. 수술이 성공적으로 이뤄지도록 집도의들을 주님께 맡기겠노라고 간절히 기도를 드렸다. 정말 '엘로힘!'을 부를 수밖에 없었다. "전능하신 하나님! 수술 과정을 하나님께 맡깁니다!"라고 간절히 고백했다.

다음 날, 하나님께서 어떻게 역사하실지 기대하면서 엘로힘을 부르며 남편의 병실 침대 밑에 있는 긴 의자에서 나는 쭈그리며 쪽잠을 잤다.

수술 시간에

🟢

　　수술 전날 남편은 수면제를 복용했음에도 불구하고 새벽 3시까지 잠을 이루지 못했다. 아침 7시까지 수술실로 들어가야 하는데, 전날 남편이 밤잠을 설쳤으니 나는 걱정이 이만저만이 아니었다. 어느덧 수술 예정 시간이 다가왔다. 목숨을 건 대수술을 받게 될 남편이 너무나 가엾고 불쌍해서 도저히 견딜 수가 없었다. 그래서 그의 손을 꼭 붙잡고 기도를 드렸다. 두 눈에선 뜨거운 눈물이 흘렀다.
　　기도를 마치자마자, 남자 간호사가 병실에 도착했다. 그는 환자 운반용 침대에 남편을 옮기더니 수술실을 향해 이

동했다. 나도 수술실로 들어가는 남편을 뒤따라 들어가고 싶었다. 그러나 남편이 들어간 후 수술실 유리문이 곧바로 닫혔다. 그래서 '수술환자 보호자 대기실'로 들어가 비치된 의자에 털썩 앉았다. 그랬더니 전광판 스크린에 남편의 이름 석 자가 뜨는 것이다. '성도현 환자가 7시 11분에 수술을 시작했습니다'라는 문자가 곧바로 화면에 보였다. 순간 울음이 왈칵 쏟아졌다. 하염없이 계속 흐르는 눈물을 나는 주체할 수가 없었다. 옆에 다른 보호자들이 있었음에도 불구하고 소리내어 울었다.

오전 11시쯤, 수업을 마친 막내딸이 병원에 도착했다. 연지는 내 옆에 앉자마자 계속 내 손을 쓰다듬어 주었다. 힘들고 외로울 때 위로해 주는 자식이 옆에 있다는 게 어찌도 큰 힘이 되던지! 정말 마음이 든든했다. 불안했던 마음이 금세 누그러들었다.

연지와 나란히 앉아서 계속 전광판만 바라보고 있는데 어느새 12시가 넘었다. 수술을 시작한 지 5시간이 지난 셈이다. 그런데 그 후 30분이 지났는데도 아직 남편의 이름 옆에는 '수술 중'이란 글씨만 나올 뿐이었다.

'남편에게 혹여라도 무슨 문제가 생긴 걸까? 왜 남편 이름이 안 뜨는 걸까?'라는 불길한 생각이 들어 노심초사하고 있는데 갑자기 핸드폰 벨이 울렸다. 의사가 수술 도중에 문제가 발생해서 보호자를 부르는구나 싶어, 화들짝 놀라서 허겁지겁 핸드폰을 확인했더니 교회 이 집사님이셨다. 목사님의 수술이 잘 되었는지 궁금해서 전화하셨다는 것이다. 후유! 나는 크게 안도의 숨을 내쉬었다.

또 30분이 흘렀다. 그런데 아직도 전광판의 '수술 완료' 칸에 남편의 이름이 없는 것이다. 또다시 안절부절못했다. 나의 심장은 콩닥콩닥 뛰기 시작했고, 가슴은 사시나무 떨듯이 덜덜 떨렸다. 그때, 또 핸드폰 벨 소리가 울렸다. 가슴이 철렁 내려앉았다. 이번엔 정말 의사로부터 긴급전화가 온 줄 알았다.

'수술 도중에 사고가 났구나! 그래서 의사가 나를 호출하려나 보다!'라는 생각이 들어 다리가 후들후들 떨렸다. 아니 온몸이 부들부들 떨렸다. 그래서 얼른 핸드폰을 열어보니 이번에도 교회 교인이었다. 후유! 안심하고서 다시 전광판을 쳐다보았다.

너무나 긴장을 해서였는지 가슴이 조여오는 것 같았고 마음이 요동치며 떨려서 숨이 멎을 것만 같았다. 오후 1시까지 그랬다. 나는 그렇게 초긴장 상태로 숨도 제대로 쉬지 못한 채 전광판만 바라보고 있었다. 그런데 1시 6분, 남편이 수술실로 들어간 지 6시간이 지나, 드디어 스크린에 남편의 이름이 표시되었다.

'성도현 환자님의 수술이 종료되어 중환자실로 이송 중입니다'라는 문구가 뜨자, 그 순간 나와 연지는 마치 약속이라도 한 듯이 의자에서 벌떡 일어났다. 그리고 우리 모녀는 서로들 부둥켜안고 흐느껴 울었다. 아니? 둘이서 엉엉 울었다. 감사와 기쁨! 그리고 감격의 울음이었다.

수술을 마치고

곧이어 '보호자는 중환자실로 들어오세요!'라는 안내 방송이 들렸다. 나는 연지와 함께 서둘러 중환자실로 향했다. 그때 마침 복도에서 남편의 담당 의사를 만났다.

"성도현 환자님의 수술이 아주 잘 되었습니다. 이제 마취에서 깨어나고 출혈만 잘 멈추면 성공입니다."

의사의 이야기를 듣자마자 나와 연지는 곧장 중환자실로 들어갔다. 멀리서 침대에 널브러져 누워있는 남편의 모습이 이내 내 눈에 확 들어왔다. 남편의 축 늘어진 모습이 마치 반 송장 같아 보였다. 그의 몸에는 인공호흡기를 비롯

하여 여러 갈래의 무수히 많은 호스가 여기저기에 끼워져 있었다. 온몸이 만신창이가 되었다는 말은 이럴 때 쓰는 말인 듯싶었다. 나는 태어나서 그처럼 엉망이 된 사람의 모습은 정말 처음 본 것 같았다. 하지만 그가 살아있다는 사실 자체만으로도 감사가 터져 나왔다. 나는 남편을 보자마자,

"여보! 정말 고생 많았어요! 너무 수고 많았어요."라고 말했다. 남편은 아무런 의식이 없는 듯 눈을 감고 있었다. 그때 불현듯 남편에게 사랑한다는 표현을 해주고 싶다는 마음이 들었다. 그가 쓰러져 누워있을 때, 약하고 힘이 없을 때, 그리고 홀로 있을 때, 그에게 사랑한다고 말해 준다면 큰 위로가 될 것 같아서였다. 그래서 남편의 얼굴을 두 손으로 쓰다듬어 주면서,

"오우, 이뻐요! 우리 신랑! 너무 잘했어요. 정말 장해요. 정말 너무나 대견해요! 그리고 여보! 너무너무 사랑해요. 당신은 정말 내게 너무나 좋은 남편이에요. 당신을 무조건 사랑해요!"

그러자, 남편이 눈을 살짝 움직였다. 그의 온몸은 시퍼렇게 멍이 든 것 같았고, 아직 눈도 뜨지 못했고 귀도 들리지 않는 듯했다. 그러나 그가 못 알아들으면 그의 무의식 속에서라도 내가 한 말이 남겠지…라고 생각하면서 나는 그를

마음껏 위로하고 격려해주면서 계속 사랑한다는 말을 했다. 연지는 아빠가 살아나신 사실에 몹시 감격해하면서, 아빠의 모습을 사진 찍었다. 외국에 사는 언니와 오빠에게 보내기 위해서다.

중환자실 면회 시간이 끝나, 우리 모녀는 밖으로 나와야만 했다. 그리고 다음 면회 시간이 될 때까지 기다려야 했다. 서너 시간이 지나니, 기다렸던 남편의 면회 시간이 되어 우리 모녀는 또 중환자실로 들어갔다. 남편은 아직도 인공호흡기를 달고 있었으나 우리를 알아보는 듯했다. 비록 말은 아직 못했지만, 그의 표정은 읽을 수가 있었다.

남편에게 수면 양말을 신겨주고 발 마사지를 해주고 있는데, 마침 그때 간호사가 남편 옆으로 걸어왔다. 그러더니 남편의 인공호흡기를 빼도 된다면서 우리 모녀 앞에서 코 속에 들어가 있는 호스를 잡아 당겼다. 목에서 길고 굵은 호스가 나왔다. 그러자 남편이 몹시 시원해하는 표정을 지었다. 게다가 남편이 조금씩 의사 표현을 하기 시작했다. 드디어 남편이 살아나는구나! 회복되는구나! 생각하니 안도의 한숨과 함께 무거운 마음을 조금은 내려놓을 수가 있어 매우 기뻤다.

연지의
아름다운 마음

　

　　　수술은 성공적으로 마쳤지만, 남편은 가슴에 큰 흉터 자국을 안은 채 퇴원했다. 집으로 돌아온 후 남편은 수술 후유증으로 온몸에 통증이 생겨 매우 힘든 시간을 보냈다. 보호자로서 그런 남편을 옆에서 지켜보자니 답답하고 안타까울 뿐이었다.

　　그러나 연지는 아빠의 회복을 위해 도움되는 일을 묵묵히 감당했다. 수시로 아빠의 등을 주무르며 안마해 드렸다. 아빠를 위해 꾸준하게 애쓰는 연지의 모습이 너무나 대견했다. 연지는 병원에서도 내게 얼마나 큰 힘이 되어줬는지 모른다.

    남편이 중환자실에 있는 동안에는 보호자가 있을 곳이 마땅치 않아 나는 짐을 챙겨 휴게실에서 취침해야만 할 상황이었다. 그때 함께 있던 연지에게 집에 가서 자라고 했더니, "엄마가 의자에서 이렇게 주무시는데 내가 어떻게 집에 가서 편히 잘 수가 있겠어요?"라며 집에 돌아가지 않았다. 그래서 우리 모녀는 병원 휴게실 의자에 이불을 펴고서 밤을 같이 지냈다. 이틀 동안 새우잠을 자면서….

    남편이 일반 병실로 옮기고 나서도 연지는 학교 수업이 끝나자마자 병원을 찾아와 아빠를 위로해 드렸다. 그리고 나의 잔심부름도 많이 해주었다. 또 집에서 반찬을 챙겨 병원으로 갖다주면서 나의 건강도 많이 돌봐 주었다. 딸의 관심과 돌봄이 내게 너무나 큰 힘이 되었다. 퇴원 후에도 연지의 헌신은 계속되었다. 연지는 늘 부모의 기쁨이며 소망이 되어주었다.

    "연지가 딸 노릇, 아들 노릇을 대신 다 하는구나! 연지야! 정말 고마워! 연지가 태어나서 아빠 엄마가 너무나 행복하다. 우리 집에 태어나줘서 정말 고마워!"

    나는 연지에게 온갖 사랑을 표현하면서 아낌없는 칭찬을 해주었다. 진심 어린 어미의 마음이었다. 자랑스럽고 기특한 연지! 막내딸이지만 늘 의젓하고 믿음직스럽고 정말 마음이 아름답고 대견한 딸이다. 이런 예쁜 딸을 우리에게 주신 우리 하나님께 깊은 감사를 드렸다. 누가 연지를 아내로 맞이해 갈지? 그 남자는 정말로 이 세상에서 가장 행복한 남자일 것이다.

은혜의 엄마 사랑

●

스웨덴에 사는 맏딸, 은혜로부터 전화가 왔다.

"엄마! 아빠가 쓰러지신 게 엄마 탓이라고 할머니가 타박하신다며?" 전화를 받자마자 대뜸 내게 하는 말이었다.

"에그! 한국의 시집 식구들은 정말 힘들어. 엄마가 얼마나 수고를 많이 했는데 왜 엄마한테 뒤집어씌우는 거야?"

은혜 특유의 솔직한 말투가 계속 이어졌다. 그렇게 한참을 얘기하던 큰딸이 갑자기 억양을 낮추더니,

"엄마! 힘들면 힘들다고 말하고, 가슴에 묻어만 두지 마세요. 딸 좋다는 게 뭐야? 딸한테라도 다 털어놓아요!"라고 말

했다.

 전화를 끊고 생각했다. 딸 있는 부모는 정말 행복하다고…. 그러자, 은혜가 한국에 있었더라면 우리 부부에게 큰 위로와 기쁨이 되어줬을 텐데… 라는 아쉬운 마음이 크게 들었다. 큰딸은 유머와 위트가 넘쳐 은혜와 함께 있으면 항상 재밌고 행복했다. 사위의 직장 때문에 멀리 스웨덴에 가서 살고 있지만, 늘 함께 지내고 싶은 나의 소중한 딸이다. 그런 은혜의 목소리를 들으니 너무나 기분이 좋았다. 게다가 엄마를 배려하고 위로하는 마음이 기특해서 매우 마음이 훈훈했다.

 하지만 은혜는 오랫동안 외국에 살아서 한국의 가족 상황을 잘 파악하지 못했다. 사실은 며칠 전, 시부모님께서 택배를 보내셨다. 상자를 열어보니, 양파, 파, 시금치, 배추 등 푸성귀가 잔뜩 들어 있었다. 시골에서 직접 농사지으신 채소를 아들을 위해 보내주신 것이다. 부모님의 사랑이 듬뿍 담긴 채소를 받고서 부모님의 사랑이 절로 느껴졌다. 그리고 그것으로 정성껏 반찬을 만들어 식탁에 올리니, 남편이 "드디어 입맛이 돌아오는 것 같아!"라며 매우 좋아했다. 수술 후 입맛이 없어 억지로 식사하던 참이었는데 시골서 보내주신 신선한 채소가 남편의 식욕을 돋워준 것이다. 시어머니께서 이렇게 정성껏 택배를 보내주시다니! 처음 겪는 일이라 매우 황송해서 눈시울이 뜨거웠었다. 아들을 사랑하시는 마음으로 보내주신 채소들을 감사히 여기며 맛있게 먹었다. 먹을 때마다 마치 부모님의 사랑이 내 몸속으로 들어가는 것 같은 기분이 들었다.

연익의 효심

　　　　　　미국에서 공부 중인 아들이 방학을 맞아 한국에 왔다. 그동안 아빠의 수술 과정을 전화로만 듣고서 매우 안타깝게 여겼던 아들이다. 아들은 과제를 하느라 밤 늦도록 학교에 남아 공부하다가 전화를 받았다고 한다. 아빠가 뇌경색 시술을 마치셨는데, 또 심장 혈관에 문제가 있어 대수술하시게 됐다는 소식을 듣고서, 통화가 끝나자마자 차에 들어가서 엄청나게 울었다고 한다.

　　그 후, 아빠의 수술이 성공적으로 끝마쳐졌다는 소식을 들었지만, 아빠의 상태가 너무나 궁금해서 한국행을 결심했고, 방학이 되자마자 쏜살같이 한국으로 온 것이다.

아들은, 아직 수술 자국이 아파 거동이 힘든 아빠의 모습이었지만, 아빠를 직접 보는 것만으로도 너무 다행스러워했고 아빠와 함께 지낼 수 있다는 자체로도 몹시 행복해했다. 아들은 아빠를 귀찮게 해 드릴 정도로 아빠의 목양실을 자주 방문했다. 그리고 한 번이라도 아빠를 더 만지고 싶어서 아빠를 안마해 드리며 몸을 조몰락거려 드렸다.

아들은 집에 있는 시간보다 아빠의 목양실에서 지내는 시간이 더 많았다. 그냥 아빠 곁에 있고 싶어, 목양실 소파에서 아빠와 많은 시간을 보냈다. 아빠와 농담도 하고 이런저런 이야기도 나누고, 그러다가 아빠한테 강제로 설교 말씀도 들었는데 아무튼 너무 감사하고 너무 좋은 시간을 보냈다고 말했다.

연익이는 아빠를 무척 좋아하고 아빠가 이 세상에서 가장 훌륭한 목사라고 믿고 있다. 아들은 아빠의 설교를 듣고 자랐다. 연익이는 아빠의 설교를 통해 은혜를 많이 받았다고 한다. 그래서 아빠를 무척 자랑스러워했다. 또 단기 선교로 카자흐스탄에 몇 개월 가 있었던 적이 있었는데, 그곳의 선교사님들을 통해 아빠가 선교지에서 얼마나 좋은 영향력을 끼치셨는지 직접 들었다고 한다. 아들은, "아빠는 내가 세상에서 제일 사랑하는 아빠이자 목사님이시자 최고의 롤 모델이세요"라고 이렇게 종종 고백했었다.

아들이 부모와 멀리 떨어진 곳에 살기에 일주일에 한 번 정도 통화만 하다가, 아들과 함께 보낼 수 있다는 사실이 나는 너무나 기뻤다. 연익이가 아빠를 안마해 드리는 모습이 너무나 정겨웠고, 아빠 엄마에게 최선을 다하는 아들의 모습이 내겐 몹시 기특할 뿐이었다.

연익이와 함께 교회 사무실에 들른 적이 있었는데, 사역자들이 우리 모자를 부러운 듯 바라보면서, "아들이 있으니까, 든든해 보이시네요!" 누군가 말하자, 사무실 직원들이 일제히 빙그레 웃었다. 모두가 그 말에 동의하듯이….

그러나 아들은 3주 후 다시 미국으로 돌아가야만 했다. 나중에 들으니 미국행 비행기가 이륙하자마자, 연익이는 아빠 옆에 계속 더 있어 드리지 못해 너무 미안해서 펑펑 울었다고 한다. 너무 심하게 울어 옆 사람이 연익이의 눈치를 봤을 정도였다고 한다. 연익이는 몸이 지쳐 쓰러질 때까지 그렇게 기내에서 울었다고 한다. 마음이 따뜻한 효자 아들 연익이가 늘 그립고 항상 보고 싶다.

훌륭한 동역자

사도 바울 곁에는 신실한 동역자들이 있었다. 신실한 제자, 동역자들이 있었다는 것은 바울의 열매요 축복이었다. 바울이 위대한 업적을 남겼던 것은 바울 주변에 그런 동역자들이 많았기 때문이었을 것이다.

남편에게도 주님께서 너무나 귀한 동역자들을 붙여 주셨다. 교회 사역자들은 남편의 대수술 과정과 회복 과정에서 담임목사를 적극적으로 지지하며 교회 사역을 잘 감당해 주었다. 이렇게 귀한 동역자들 덕분에 교회는 아무 탈 없이 평온했다. 우리 부부는 그들을 붙여 주신 주님께 늘 감사를 드렸다. 주님께서 남편에게 정말 아름다운 동역 관계를 갖게 해 주신 것은 너무나 큰 축복이었다.

어느 가을날, 사역자들과 함께 속초로 여행을 떠난 적이 있다. 숙소에 도착하니 울산바위가 내다보이는 정경이 너무 멋있었다. 우리 사역자들은 호텔 방에서 이야기꽃을 마냥 피웠다. 그런데 한 분이 씁쓰레한 미소로 말했다.

"교회를 떠나서 대자연 속으로 왔건만, 이곳까지 와서도 우리의 대화 내용은 온통 교회 얘기군요…. 하하하"

그분의 말에 모두가 웃음을 터뜨렸다. 정말 그랬다. 어쩔 수 없는 것 같았다. 사역자들의 뇌리에는 오직 우리 교회를 어떻게 잘 섬길까? 담임 목사님을 어떻게 잘 도와드릴까? 라는 생각으로 꽉 차 있으니 말이다.

그러나 또 다른 사역자가, 교회 안에서 서로가 나누지 못했던 얘기들을 멀리 나오니 허심탄회하게 털어놓을 수 있을 것 같다고 말하며, 교회 안에서 힘들었던 일들도 솔직히 털어놓았다. 동역자들의 마음 속에 있었던 이야기를 들으며 그들의 어려움이 얼마나 큰 지를 실감하게 되었다. 또한, 성도 뿐만 아니라 동역자들도 담임목사의 돌봄의 대상이어야 함을 새삼 깨닫게 되었다. 그 시간을 통해 우리 동역자들은 서로를 더 깊이 이해하고 공감하며 하나가 되어 갔다. 대화를 마치고 함께 나눈 내용을 기도로 승화시키니 우리는 마치 애벌레가 껍질을 벗고 나온 것처럼 한결 홀가분해짐을 느꼈다. 그리고 서로에게 더 없이 깊은 신뢰를 느끼며 깊은 유대감을 가지게 되었다.

교회를 위해 기도하고, 사역자들을 위해 중보 기도하면서 사역자 모임을 마쳤는데, 정말 재밌고, 기뻤고, 행복했을 뿐만 아니라 매우 유익한 시간이었다.

2차 뇌경색 발병

●

　　남편은 가족들의 헌신적인 사랑과 보살핌, 그리고 동역자들의 아름다운 협력과 수고에도 불구하고 또다시 쓰러졌다. 앞서 뇌경색으로 뇌혈관에 이미 스텐트 2개를 삽입한 상태였다. 그리고 2개월 후에, 막혔던 심장혈관 5개를 갈아 끼우는 관상동맥우회수술을 받았다. 그 후 약 5년이 지나서 남편이 2차 뇌경색으로 쓰러진 것이다. 2019년 10월 5일의 일이었다.

　　새벽예배를 마치고 사택으로 올라오는 도중에 남편은 그만 쓰러지고 말았다. 마침, 아들이 1주일간 한국 출장을 와 있던 기간이었다(아들은 졸업 후 회사에 근무 중이었다). 연익이는 아빠의 모습을 보더니, 깜짝 놀라며 속히 병원으로 모시고 가야 한다고 서둘렀다. 부랴부랴 근처 병원에서 CT, MRI, 그리고 뇌파 촬영을 했더니 급성 중풍이란 진단이 나왔다. 그래서 남편은 그날로 즉시 입원했다.

남편은 25일 동안 입원했는데, 첫 주는 집중 치료를 받고, 그 다음부터는 서서히 물리치료를 받았다. 그런데 물리치료사의 말을 듣고 남편이 깜짝 놀랐다고 한다. 5년 전 대수술을 받고 물리치료를 받았어야 했는데 그렇지 못해서 그동안 다리가 많이 굳어졌다는 것이다. 남편은 5년 동안 양반다리로 앉지를 못했다. 그리고 걸을 때마다 다리를 심하게 질질 끌면서 다녔다. 그런데 몇 차례 물리치료를 받더니 이내 양반다리를 할 수 있게 된 것이다.

남편은 병원에서 일단 급한 불은 껐으니 좀 더 체계적인 재활을 받고 싶다며 재활병원에 가기를 원했다. 남편이 가능하면 복잡한 서울을 떠나 공기 맑고 조용한 곳을 원해서 우리는 의논 끝에 강원도에 있는 재활병원으로 가기로 했다. 그리고 나도 남편을 간호하기 위해 함께 따라가기로 했다.

재활병원은 강가 한적한 곳에 있었고, 시설도 쾌적하고 깨끗했다. 물리치료사도 많아서 남편은 다양하게 재활 치료를 받을 수 있었다. 나는 근처에 숙소를 마련해서 반찬을 만들어 병원으로 실어나르며 그를 섬겼다. 그 후 남편은 재활을 잘 마치고 퇴원했다. 그래서 우리는 서울침례교회로 다시 돌아왔다.

3차 뇌경색 발병

온통 세상의 뉴스가 코로나 팬데믹으로 도배를 하던 때였다. 온 땅이 공포와 두려움으로 떨고 있던 그때, 나는 여느 때처럼 남편의 식이요법과 운동에 모든 에너지를 집중하면서 남편 건강을 관리하고 있었다.

어느 날, 아침부터 어지러움을 호소하던 남편이 점심때가 되어도 계속 어지럽다고 하는 것이다. 아침부터 병원에 가자고 아무리 얘기해도 남편은 꿈쩍도 하지 않았다. 곧 괜찮아질 거라고 말하며 계속 누워만 있었다. 그런데 그 증상이 계속되자 내 맘이 불안했다. 여러 차례 권면해서 겨우 남편을 일으켜 세웠다. 그리고 곧바로 가까운 병원으로 갔더니, 이미 저녁 무렵이 되었다.

의사는 여러가지 자세를 보여주며 따라해 보라고 했다. 그리고는 이석증 같다고 했다. 그러나 혹여 뇌경색일지도 모르니 만약 토하거나 구토 증상이 있으면 속히 큰 병원으로 가라고 신신당부했다. 그날은 금요일이었는데, 오후 5시경에 병원에 갔기 때문에 더 이상 다른 검사를 받을 시간이 없었다.

병원에서 차를 몰고 집으로 오는데, 조수석에 앉은 남편이 갑자기 구토를 했다. 나는 깜짝 놀랐다. 그래서 남편을 얼른 닦아주고서 차를 돌렸다. 일단 우리 집에서 가까운 백병원으로 서둘러 갔다. 그랬더니 옆에서 남편이 소리를 질렀다. 점심때 먹은 밥이 소화가 안 돼서 구토한 것이니 빨리 집으로 돌아가자고 난리를 치는 것이다. 그러나 나는 오기(?)를 부렸다. 운전대는 내가 잡았으니 내 맘대로 하겠노라며 떨리는 마음으로 백병원까지 갔다. 남편에게 혹여 무슨 일이 생긴 것 같아 나는 노심초사했다.

그런데 백병원에 도착하니, 병원 문이 닫혀 있었다. 그날따라 코로나 환자가 생겨 병원 전체가 휴무에 들어갔다는 것이다. 어이가 없었지만, 또 다른 병원으로 가야만 했다. 그래서 그 근처 을지로에 있는 국립의료원으로 차를 몰고 갔다. 또 옆에서 남편이 버럭 화를 냈다. 귀찮으니 빨리 집으로 가자고 독촉했다. 그러나 나는 그대로 남편을 방치할 수가 없었다. 그래서 남편의 구박(?)을 받으며 애써 국립의료원에 도착했는데, 마당에 코로나 검사를 하기 위한 흰 텐트가 즐비하게 서 있었다. 해는 져서 하늘이 깜깜한데 흰색 텐트가 길게 서 있는 모습이 매우 섬뜩해 보였다. 옆에서 남편이 또 소리를 질렀다. "나를 코로나 걸리게 하려고 여기 데리고 온 거야?" 나는 남편의 성화에 못 이겨 하는 수 없이 집으로 돌아왔다.

그날, 나는 내 평생에 가장 후회할 일을 하고야 말았다. 그때, 나는 남편을 강제로라도 입원시켜야만 했었다. 나는 남편에게 세 번째 뇌경색이 찾아왔다는 사실을 그다음 주에서야 비로소 알았다.

그렇게 남편은 2020년 3월에 또 뇌경색으로 쓰러졌다.

설암 발생

남편의 몸은 망가질 대로 망가져 있었다. 그가 병원에 들르지 말고 빨리 집으로 가자고 했던 이유는 견딜 수 없을 정도로 몸을 가누기가 힘들어서였다. 그는 제대로 걷지도 못했다. 그래서 움직이는 것을 몹시 힘들어했다. 또 예전의 아팠던 증상이 다시 나타났다. 게다가 그는 불면증에 시달려 밤을 꼬박 새우는 날이 많아졌다. 그런 육체적 고통보다 더 견디기 힘든 것은 그의 마음의 병이었다.

도저히 목회를 감당할 수가 없었던 남편은 오랜 고심 끝에 교회에 조기 은퇴를 선언했다. 서울침례교회 부임 8년째 되던 해, 그는 자신의 모든 목회 생활을 접기로 했다. 결국 그는 목회를 시작한 지 33년 만에 은퇴했다. 그리고 목회에 대해 아쉬움과 미련을 음미해 볼 여지도 없이 곧바로 투병 생활에 들어갔다.

　우리 부부가 주로 기거했던 곳은 충청도에 있는 서울침례교회 기도원이었다. 남편은 식사 시간 외에는 거의 온종일 누워 지냈다. 걷는다고 해야 식사를 위해 침대에서 식탁으로 이동하는 정도였다. 나는 그의 다리가 굳어질까 봐 몹시 두려웠다. 그래서 재활병원에 가서 운동하면 남편의 다리가 굳어지지 않을 것 같아서 입원하는 게 어떻겠느냐고 조심스레 남편을 설득했다. 남편이 동의하여 예전에 입원했던 강원도의 재활병원에 다시 입원했다. 한편 남편이 입원해 있는 동안 나는 요양보호사 자격증을 따기 위한 공부를 했다. 남편을 좀 더 실질적으로 돕고 싶어서였다.

　그러던 어느 날, 남편 주치의가 보호자를 찾는다는 소식을 들었다. 서둘러 병원에 가서 의사를 만났더니, 환자의 혀에 큰 혓바늘이 생겼다며 전문 병원에서 치료를 받아 보라는 것이었다. 나는 남편을 일단 퇴원시킨 후, 삼성 서울병원에 예약을 했다. 그사이 남편은 혀의 고통으로 인해 식사가 매우 어려워졌다. 혓바닥의 고통이 너무 심해 음식을 전혀 씹을 수가 없었다. 그래서 나는 씹지 않고도 먹을 수 있도록 녹즙을 갈아서 반찬을 만들어 줬다. 어떻게 해서든지 영양을 공급해 주고 싶어서였다. 아파하는 남편을 볼 때마다 나의 마음도 견딜 수 없이 아팠다. 남편이 불쌍해서 엄청나게 많이 울었다.

어느덧 예약한 날이 되어 삼성병원에 갔는데, 진료 결과 우리는 예상치 못한 청천벽력 같은 소리를 들었다. 여러 차례의 검사 결과 남편이 혀암 3기라는 판정을 받은 것이다.

설암 재발

●

       남편은 2021년 1월 19일 설암 수술을 받았다. 수술은 매우 까다롭고 어려웠다. 혓바닥에 솟아난 큰 종양을 잘라내는 매우 위험한 수술이었지만 수술은 성공적이었다. 종양 제거로 무시무시했던 고통은 사라졌지만 그 결과 남편은 말을 제대로 할 수가 없게 되었다. 그의 발음은 어눌해서 귀를 쫑긋해야 겨우 알아들을 수 있을 정도였다. 게다가 섭식 장애가 생겨 음식 씹기를 힘들어했다. 혓바닥 종양을 도려내면서 혀의 역할을 많이 상실했기 때문이다.

    나는 최선을 다해 그를 돕고자 했다. 그래서 남편이 편하게 지낼 수 있도록 우선 그에게 맞는 거처를 마련해야겠다고 마음먹었다. 이미 은퇴한 담임목사가 계속 교회 기도원 신세를 질 수도 없기 때문이기도 했다. 남편 건강회복을 위해 산수 좋고 공기 맑은 곳을 찾다가, 마침 적합한 집을 춘천에서 발견했다.

남편은 내가 마련한 빌라를 매우 좋아했다. 그리고 편안해했다. 그곳에서 나는 남편의 암이 재발 또는 전이 되지 않게 하려고 온갖 노력을 아끼지 않았다. 음식을 잘 삼키지 못하는 남편이 식사를 잘 할 수 있는 조리법과 음식을 연구하고 찾았다.

그리고 시간이 될 때마다 그를 마사지해 줬다. 그는 보행보조기 없이는 아예 걷지 못했다. 앉아 있는 것도 힘들어 늘 누워만 지냈다. 누워있는 남편의 근육이 굳어지지 않도록 온몸을 마사지해 주는 일이 대부분 나의 일과였다. 그리고 혈액 순환이 잘되도록 날마다 따뜻한 물로 족욕을 해주었다.

그를 간호하는데 중요한 부분은 관장을 하는 일이었다. 심한 변비 때문에 이것은 필수적인 일이었다. 변비가 심할 경우는 수작업을 통해 남편의 배변을 도와주었다. 또 운동 부족으로 남편의 건강이 약해질까 봐 햇볕 나는 날이면 그를 휠체어에 태우고 동네를 한 바퀴 돌았다. 그 외에 남편을 돕고 섬기는 많은 다양한 일들이 산재해 있었지만, 남편이 회복되기를 바라는 마음이 간절해서였는지 나는 전혀 힘들거나 어렵다고 생각해 본 적이 한 번도 없었다.

그런데, 그렇게 지극 정성으로 남편을 보살폈음에도 불구하고 그의 설암은 재발하고야 말았다.

남편의 죽음

남편은 말하는 것조차도 몹시 힘들어했다. 암세포가 혀는 물론 허파까지 전이 되어그의 목 주변 피부는 암 덩어리로 인해 딱딱해졌다. 게다가 거실에서 보행보조기를 붙잡고 겨우 1m도 걷기 힘든 지경이 되었고. 휠체어에 앉아 있을 힘조차 없어 바깥출입도 불가능해졌다.

남편의 상태를 본 모든 사람은 그가 죽음을 향해 가고 있다는 것을 알았지만, 차마 우리에게 그와 관련해 어떤 말도 하지 못했다. 나는 남편의 죽을 것이라는 생각은 바늘구멍만큼조차도 해 본 적이 없었다. 상상조차도 해 본 적이 없었다. 오직 내 마음은 그가 반드시 나을 것이란 신념뿐이었다.

그러던 어느 날, 나는 침대 소파에 누워있는 남편의 몸을 안마해 주면서 나의 진심을 고백했다.

"여보! 나는 당신이 불구여도 괜찮고, 장애인이어도 괜찮아요! 어떠한 모습이라도 좋으니 제발 살아만 주세요!"

그러나, 남편은 그런 아내의 말에 아무런 응답이 없었다. 그저 물끄러미 나를 쳐다만 볼 따름이었다. 며칠 후, 남편이 가슴이 답답하다고 호소했다. 아무래도 안될 것 같아 서둘러 구급차를 불렀다. 그리고 부랴부랴 시내 대학 병원 응급실로 갔다. 그랬더니 남편에게 기흉(가슴막 안에 공기가 차 있는 상태)이 생겼다며 중환자실로 보냈다. 그리고 수술이 끝나자 그를 일반병실로 옮겼다. 그런데 그때 나는 병원의 코로나 방역 수칙 때문에 병실에 들어갈 수가 없었다. 규칙상 코로나 백신 주사를 맞고 하루가 지나야만 면회가 가능하다기에 백신 접종을 하고 집으로 돌아와 면회준비를 하였다.

그런데 이 때 내 인생에서 가장 충격적이고 비극적인 소식을 듣고 그만 까무러치고 말았다. 그것은 다름 아니라 남편이 심정지로 사망했다는 것이다. 나는 그날, 하늘이 이렇게 까만 날도 있다는 것을 평생 처음 알았다.

남편이 64세의 나이로 이 세상을 떠났다. 그날은 2021년 9월 1일이었다.

소식을 듣고 혼비백산이 되어 주체할 수 없는 눈물을 흘리며 병원으로 달려갔다. (너무나 가슴이 떨려 운전을 할 수 없어 택시를 타고 병원에 갔다.) 병실에 도착하니, 이미 눈을 감은 남편이 침대에 누워있었다. 그러나 나는 그의 죽음이 도저히 믿기지 않았다. 그래서 눈감고 누워있는 남편의 몸을 계속 만져 주었다. 아직도 온기가 남아있는 몸을 계속 마사지 하면 그가 다시 벌떡 일어날 것만 같은 착각에 빠졌다. 또 나의 체온이 그에게 전달되면 그가 반드시 다시 살아날 것만 같았다. 그래서 나는 그의 머리부터 발끝까지 계속 쓰다듬으며 주물러 주었다.

두 눈에서는 눈물이 바닷물처럼 마구 쏟아져 내렸다.

이동원 목사님의 설교와 시

남편의 죽음이 현실로 느껴지지 않은 황망한 상태에서 장례식을 치러야만 했다. 입관예배는 남편의 은사님이신 이동원 목사님께서 친히 집례해 주셨다. 지방까지 오셔서 말씀을 증거해 주신 은사님의 사랑에 깊은 감동을 받았다. 목사님은 요한복음 17장 1~6절을 본문으로 '기억해야 할 세 가지'라는 제목으로 설교해 주셨다.

"첫째, 성 목사님은 아버지의 때에 가셨습니다. 하나님이 작정하신 시간에 가신 것입니다. 예수님이 30대 초반에 가셨다고 그분의 삶이 실패했다고 말하지 않습니다. 우리 생각에 너무 일찍 가셔서 아쉬워도 하나님의 주권을 받아들입시다.

둘째, 성 목사님은 아버지의 일(소명)을 이루고 가셨습니다. 소명을 받고, 그 소명을 따라 살다가, 소명을 이루고 가셨습니다. 대학생 때 예수님을 만나 그 순수한 마음속에 복음의 열정을 담고 마치 베드로와 같이 수많은 사람에게 복음을 전하고 가셨습니다.

셋째, 그는 아버지의 영광 속으로 들어가셨습니다. 아버지의 영광을 위해 살다가, 아버지의 영광 속으로 들어가셨습니다. 인간적인 우리의 슬픔, 좀 더 사셨으면 하는 안타까운 마음을 내려놓고 눈을 들어 믿음의 눈으로 성 목사님을 바라봅시다! 하나님의 영광 속에 있는 그분. 그분은 이 땅에서 할 일을 다 마치고 가신 것입니다. 이 땅에서 그는 눈물도 많이 흘렸습니다. 그러나 이제 주님이 그 눈물을 씻기시며 영광의 면류관으로 사랑하는 종을 위로하고 계시는 그 놀라운 모습을 바라보십시오!

성 목사님은 이 땅에 살면서 잠시 입었던 옷과 같은 육체를 벗고 하나님 나라에 입성하셨습니다."

두 눈에서 하염없이 흐르는 눈물을 애써 감추며, 이동원 목사님의 설교를 듣고 있는데, 갑자기 정신이 맑아지는 것 같았다. 그동안 혼란스러웠던 남편의 죽음에 대해 남편의 죽음이 하나님의 뜻 안에 있었음을 비로소 깨달았다.

설교를 끝내신 이동원 목사님께서 말씀을 이어가셨다.

"제가 어제 우리 사랑하는 성 목사님이 세상을 떠나갔다는 소식을 듣자마자 기도하면서 하나님이 제게 주신 기도의 시, 추모 시를 하나 썼습니다." 제자를 위해 손수 추모 시를 쓰셨다는 말씀에 나의 귀가 쫑긋해졌다.

스승의 추모시

성도현 형제를 보내며…
꼭 그리 서둘러 떠나는 형제여
그럴만한 이유가 있었단 말이오?
왜 어찌하여 무엇때문에 이렇게 가기오?
대학시절 난 그대를 베드로로 불렀소.
그 화끈한 주님 사랑과 다혈질의 액션…
그러다 갑작스럽게 침묵하고 물러서고…
열정과 침묵의 고요 사이… 거기에 있었던

당신은 헤아리기 어려운 하나님의 사람…
당신의 순수는 현실교회에 어울리지 않던
그래서 어쩌면 비현실적 광야사람이었소
저 들에 나가 낙타 옷입고 갈대 모자쓰고
너털 웃음으로 세상을 비웃을 사람이여
그 비형식의 혼을 형식의 그릇에 담고
세상에 적응 하느라 고생 많았소
이제 차라리 일치감치 잘 떠나갔소
저 천국에서 이 열방을 내려다보며
중보기도로 선교의 든든한 지원자로
그리고 당신이 사랑한 가족의 응원자로
그렇게 사역할 당신을 기대하며
눈물대신 박수로 보내 드리겠소
도현 형제여, 그동안 참 수고가 많았소
순수가 생명이었던 주님의 사람이여!

(주후 2021년 9월 첫 날에…)

입관예배 설교

시 속에
남편의 생애가 펼쳐있다

　　　　　　목사님의 시 낭송을 듣던 나는 깜짝 놀랐다. 정말 남편은 순수가 생명이었던 하나님의 사람이었다. 어찌 그렇게 남편의 모습을 명확하게 축약해서 한 문장으로 표현하셨을까? 게다가 또 한 편의 시에 남편의 전 생애가 집약적으로 들어 있었는데 그 사실이 너무나 경이로웠다. 어떻게 시 속에 그토록 한 사람의 인생이 몽땅 펼쳐져 있을까? 정말 신기했다. 시는 남편의 생애를 한 폭에 모두 담아낸 수채화처럼 느껴졌다.

　　스승님은 사랑하는 제자가 떠나간 사실을 매우 애통해

하시며, 제자와의 친밀했던 지난날을 회상하셨는데 나도 시인과 동일한 마음이 되어 시 속으로 풍덩 빠져들어 갔다. 주님 사랑과 헌신으로 젊음을 불태웠던 사랑하는 제자가 갑작스럽게 침묵과 고요 속으로 물러서는 모습을 의아하게 여기셨던 스승님은 그를 헤아리기 어려운 하나님의 사람이라고 부르셨다.

나는 그 이유를 알고 있었다. 남편은 목회 도중 교회를 허무는 인본주의에 치여 쓰러진 것이다. 그로 인해 찾아온 육체의 고통은 그를 침묵의 뒤안길로 물러서게 했다.

"당신의 순수는 현실교회에 어울리지 않던
그래서 어쩌면 비현실적 광야 사람이었소"

남편을 멀찍이서 바라보셨던 스승님의 안목과 통찰력에 나는 매우 깜짝 놀랐다.

"그 비 형식의 혼을 형식의 그릇에 담고
세상에 적응하느라 고생 많았소"

시구를 통해 남편의 전 생애가 한눈에 일목요연하게 집

약해 보이는 듯했다.

　한편 남편이 목회 현장에서 겪었던 갈등이 시를 통해 드러나자, 나는 그만 오열할 뻔했다. 어떻게 은밀한 비밀이 시 안에서 분화구처럼 그렇게 분출될 수가 있단 말인가? 정말 놀라웠다. 사실 남편은 그랬다. 그는 자유로운 인간이었기에 형식과 규례에 옥죄어 사는 삶을 너무나 힘들어했다.

　　"이제 차라리 일찌감치 잘 떠나갔소
　　… 눈물 대신 박수로 보내 드리겠소"

　마침내 스승님은 고인 된 제자를 자유롭게 떠나보내시며, 눈물을 거두고 박수로 보내겠노라고 남편의 가는 길을 축복해 주셨다.
　스승님의 시는 남편의 자아상을 명확히 보여주셨고 그의 생애를 함축적으로 묘사해 주셨다. 나는 그 시 낭송을 들으며 매우 큰 감동과 공감을 얻었다. 그 시는 마치 나를 위해 지어진 시 같았다. 그 시를 통해 남편과 그의 전 생애를 올바로 직시할 수 있었으며 남편의 죽음에 담긴 의미를 제대로 깨닫게 되었다.

제자를 떠나보내는 스승의 기도, 이후

시 낭송에 이어 이동원 목사님께서 끝으로, 제자를 떠나보내시는 기도를 해 주셨다.

"아버지 하나님 대학 시절에 제가 만났던 그 순간부터 그의 생명을 드리기까지 그는 순수한 하나님의 사람이었습니다. 그는 세상과 타협하기에는 너무나 순수했고, 그래서 때로는 힘들고 때로는 아픈 시간을 가졌지만, 그는 복음의 순수한 열정을 가지고 살았습니다. 그렇게 설교했고, 그렇게 전도했고, 그렇게 선교하고 다녔습니다.

이제 하나님의 때에, 하나님이 정하신 시간에, 그를 불러 하나님의 오른편으로 불러가셨으니, 주님! 이제 우리의 눈을 열어 하나님의 우편에 영광 속에 있는 하나님의 사람을, 귀한 목사님을 바라볼 수 있도록 도와주소서!

인간적인 연민과 연약함의 눈물을 거두고 목사님! 수고 많으셨어요! 잘 사셨어요! 그리고 잘 가셨어요! 이제 세상의 모든 짐 내려놓고 영광중에 쉬시며 우리의 오실 길을 또한 준비해 주십시오!

이렇게 사랑하는 가족들과 친구들과 복음을 위해 애썼던 우리 복음의 모든 동역자와 더불어 사랑하는 목사님에게, 부활의 아침에 찬란한 만남을 약속하는 이런 시간이 될 수 있도록 도와주시옵소서!

내일 하관예배의 마지막 시간까지 성령께서 위로하시고 여기 다녀간 모든 사람도 주를 위해 순수하게 살았던 그의 믿음의 아름다움과 하나님의 영광이 드러나는 귀한 시간이 되도록 축복하시고….

그러나 사람은 결코 위로할 수 없는 하나님만이 주실 수 있는 위로로 사랑하는 우리 사모님을 위로해 주시고, 자녀들을 위로해 주시고, 친구들을 위로해 주시옵소서!

길이요 진리요 생명 되신 그리고 우리의 부활 되신 주 예수 그리스도의 존귀하신 이름으로 기도하옵나이다."

제자를 떠나보내시는 슬픔과 아픔이 고스란히 내게 전해오는 듯싶었다. 이렇게 스승님이 인도하신 이생에서의 마지막 예배는 잘 마쳤다. 제자의 입관예배를 직접 인도하시기 위해 먼 곳까지 와 주셔서 설교와 기도를 해주신 스승님의 사랑에 큰 격려와 위로를 받았다.

그다음 날이었다. 유족들은 입관실로 오라는 전갈을 받았다. 입관실로 들어갔더니 그곳에 남편이 누워있는 모습이 보였다. 너무나 반가워 그의 얼굴 위에 내 손을 얼른 얹었다. 그 순간 나는 너무 놀라 소스라치고야 말았다. 그의 얼굴이 너무나 차가웠기 때문이었다. 그의 몸은 얼음장처럼 차가웠다. 그는 정말 죽어 있었다. 그를 만지는 순간, 그가 이미 죽었다는 현실을 자각했다. 그러자 나는 비시시 바닥에 쓰러져 기절하고 말았다. 나는 남편의 입관장면을 보지도 못한 채 그렇게 실신해서 한참 동안 쓰러져 있었다.

그것은 아마도 남편의 죽음을 아직도 인정하고 싶지 않다는 아내의 애절한 절규의 몸짓이었을 것이다.

남편을 보내는
사모의 애가(哀歌)

황망한 상황에서 나는 망연자실한 모습으로 장례식은 겨우 치렀다. 모든 장례 절차를 마친 후, 남편의 시신은 화장터로 옮겨졌다. 관망실의 유리창 너머로, 남편의 시신이 담긴 관이 화로 안으로 들어가는 모습이 보였다. 이제껏 남편의 죽음이 실감이 안 갔었는데, 드디어 화들짝 남편의 죽음이 실감이 갔다.

'아! 그가 진짜 죽었구나! 그가 가는구나! 이 세상을 떠나는구나! 드디어 가시는구나…' 그러자 그 순간, 나도 모르게 화로 안으로 들어가는 남편의 관을 향해 소리쳤다.

"여보! 가지 마요! 제발 가지 마세요!"라고 울면서 고함을 질렀다. 그러나 너무 늦었다. 그렇게 말하기에는 이미 너무 늦었다. 그런데, 그 말은 진작 말했어야 했다. 아주 오래 전에 그렇게 말했어야 했다.

남편은 교회에서 사람들의 회(會)에 참석할 적마다 그곳에 들어가기를 무척 싫어했었다, 그는 모임에 들어갈 때마다 마치 도살장에 끌려 들어가는 심정이라고 내게 종종 호소했었다. 그럴 때마다 나는 그를 달래며 위로했다. 그리고 사명을 감당하려면 이겨내야 한다고 권면했다. 나는 그를 죽음에 이르게 하는 스트레스가 오는 길목을 막아주지 못했다. 오히려 하나님의 사명을 감당하기 위해 그 스트레스를 참고 견뎌야 한다고 조언했다. 그래서 남편은 죽음에 이르게 하는 스트레스 장소로 수십 년 동안 뚜벅뚜벅 묵묵히 걸어 들어갔다. 나는 그것이 남편에게 큰 스트레스가 되어 병을 얻고 죽음에 이르게 한 통로가 될 줄은 미처 몰랐다.

"여보! 가지 마요! 가지 마세요!"라는 말은 그때 했어야만 했다. 더 일찍 말했어야 했다. 남편이 청문회 장소로 들어가던 길목에서 진작 그렇게 말했어야 했다. 뒤늦게 마음 깊은 곳에서 통탄의 절규가 터져 나왔다. 그리고 애통함과 함께 깊은 회한의 눈물이 주르륵 흘렀다.

"주님! 제가 남편을 죽게 했습니다!

그는 주의 복음과 말씀 전하는 일을 생명처럼 여기며, 주님을 사랑하는 당신의 종이었습니다. 그런 그가 비본질적 형식과 조직에 적응하느라 고생이 심했습니다. 그런데 아내인 제가 방관했습니다. 오히려 그를 그 틀 속으로 들어가도록 종용했습니다. 아니, 그 틀을 수용하는 것이 목회라고 권면했습니다.

사역이라는 목적을 달성하기 위해, 그의 혼이 망가지고 육체가 무너져 가는데도, 여종이 그를 구해주지 못했습니다. 그를 냉기 속으로 몰아넣었고 그를 죽음에 이르도록 등을 떠밀고 말았습니다. 그래서 혹독한 찬바람 속에서 남편은 그렇게 죽어갔습니다.

주님! 제가 남편을 죽게 놔뒀습니다! 제가 그를 죽음의 용광로로 보냈습니다.

주님! 제가 죄인입니다. 저를 용서해 주소서!"

그렇게 기도하면서, 나는 오열의 눈물을 흘렸다. '남편을 보낸 사모의 애가(哀歌)'가 이렇게 나의 심령에서 우러나올 때… 그때, 남편은 어느새 한 줌의 재가 되어 수골 실의 유리창 너머로 내게 버젓이 나타났다.

그때 나는 "여보! 미안해요!"라며 참회의 눈물을 흘렸다.

남편이 남긴 선물

남편 사망 후 1년이 지났다. 그동안 남편과 함께 살면서 가장 행복했던 시간이 언제였을까? 회상해 보니, 남편이 병들어 아파하고 힘들어했을 때 그가 회복되길 바라면서 온몸과 마음을 다해 사랑하고 섬기고 애쓰며 그에게 헌신했던 그 시간이 가장 의미있었다. 지나고 보니 한 사람을 위해 온통 사랑을 쏟아부었던 그 시간이 가장 행복했다는 생각이 들었다. 누군가를 아낌없이 사랑하고 그에게 온전히 헌신한다는 것, 그것이 행복을 가져다 줄줄 미처 몰랐었다.

그래서 주님께 기도했다. 주님! 제가 사랑하는 사람이 떠났습니다. 이제 앞으로 저는 누구를 사랑하며 살아야 하나요? 라고…. 그때, 그렇지! 남편처럼 병들어 힘없고 약한 자들을 찾아가서 그들을 사랑해야겠구나! 그들에게 내 애정과 사랑을 쏟으며 살아가야겠다! 라는 생각이 들었다. 나에게 '사랑'이 인생의 가장 큰 행복임을 가르쳐 주고, 삶의 참된 가치를 깨닫게 해준 남편에게 고마운 마음이 크다.

    남편은 내게 또, 큰 유산을 남기고 떠났다. 내게 주님의 '재림'을 사모하도록 만들어 주었기 때문이다. 잠자는 자들의 첫 열매가 되신 예수님처럼, 주께서 재림하시는 날에 그도 역시 부활할 것이다. 그때 남편이 부활할 생각을 하니 가슴이 두근거리고 설렌다. 나 또한 마찬가지다. 나도 언젠가 잠들 터인데 예수님이 재림하실 때 나도 부활할 것이다. 그러니 사나 죽으나 우리는 주의 것이다. 죽은 자와 산 자의 주가 되시기 위해 이 땅에 오신 창조주 하나님! 그분을 만날 생각을 하면 가슴이 부풀어 오른다. 그래서 주님 사랑합니다! 라고 고백하면서 마라나타! 주 예수여! 어서 속히 오시옵소서!라는 기도를 날마다 드리며 살고 있다.

    그리고 현재, 나는 아무런 조직과 형식이 없는 교회에 출석하고 있다. 이 교회에는 오직 영혼을 섬기기 위한 셀모임만 있을 뿐이다. 교회 운영과 조직을 유지·관리하기 위한 인간의 회(會)는 하나도 없다.

교회 안에 도사리고 있는 가장 무서운 적은 인본주의다. 그것은 종종 사람들의 모임에서 정체를 드러낸다. 따라서 목회자의 가장 큰 스트레스는 그런 인본주의의 모판인 교회 안의 모임과 조직들일 것이다. 그러나 나는 현재 그런 형식적 모임이 없는, 오직 생명력 있는 셀만 존재하는 교회를 출석하고 있다. 그런데 그런 교회로 나를 인도한 사람은 남편이었다.

그곳은 남편이 입원했었던 재활병원 맞은 편, 강 건너에 있는 교회다. 오로지 주와 복음만 존재하는 그런 교회에 출석하게 된 것은 남편이 내게 남기고 간 선물이다. '용경아! 형식이 없고, 비본질적인 모임이 없는 곳에서 자유롭게 신앙 생활하며 잘 살아!'라며 남편이 나를 그곳에 남겨 놓고 떠났다.

나는 남편을 조직 속에서 구해주지 못했는데…, 아니? 오히려 그 틀 속으로 들어가도록 종용했는데…, 남편은 나를 인본주의에 물들지 않게 만들어 주고 이 세상을 떠나갔다.

나에게 큰 선물을 남기고 떠난 남편에게 이래저래 미안한 마음 가득하다.

부록

내가 만난
성도현 목사

아빠와 반드시 재회하리라

성연익(아들)

내가 생각하는 아빠에 관하여 어떻게 하면 이 글에 잘 녹일 수 있을까? 아빠는 제게 몇 글자로 정의 내릴 수 있는 사람이 아닙니다. 그렇기에 아빠의 삶에 중점을 둔 글이 아닌, 저의 삶 속에서 영향을 끼치셨던 아빠에 대해 중점을 두고 글을 써 보고자 합니다.

어렸을 적 제가 기억하는 아빠는 항상 교회에 계셨습니다. 대덕초등학교에서 우리 집으로 돌아오는 길목에 아빠가 시무하시던 교회가 있었습니다. 수업을 마치고 집으로 곧장 오라는 엄마의 말을 듣지 않고, 항상 아빠 목양실로 향했던 제 무수한 발걸음들이 생각납니다. 아빠에게 가면 손님들이 자주 있었고 손님과 대화가 길어지면 지루해진 저는 집으로 돌아왔었습니다. 손님이 없을 때면 목양실에 앉아 숙제했고 가끔 아빠가 문방구에 데려가서 엄마에게는 '비밀'이라고 하시면서 맛있는 불량식품을 사주시기도 하셨습니다. 그리고 때로는 문방구와 같은 건물에 있던 중국집에 저를 데리고 가셔서 자장면을 사주기도 하셨습니다. 아빠는 밀가루 음식을 무척 좋아하셨습니다. 가끔 아빠와 같이 퇴근할 때 집 앞에 있는 칼국수 집에서 칼국수도 사주시곤 했었습니다.

고학년이 되면서부터 저는 아빠를 자주 보지 못하였습니다. 아빠가 개척하신 늘사랑교회가 부흥하면서 아빠가 너무 바빠지신 것입니다. 그래서 사실 저는 우리 교회가 부흥된 게 그렇게 달갑지 않았습니다. 아빠를 교회에 뺏긴 것 같은 느낌을 받았기 때문입니다. 아침에 등교를 위해 눈을 떠도 이미 출근하신 후였고, 저녁에 침대에 누워 잠을 청할 때도 아빠가 퇴근을 못 한 상태에서 잠을 청할 때가 많았습니다. 그리고 토요일만 되면 다른 아빠들과 달리 너무 바쁘셨습니다. 교회 목양실에서 절대 나오지 않으셨고 뭔가 신경도 되게 예민

해 보이셨습니다. 주일은 토요일과는 비교도 못 할 정도로 더 바쁘셨습니다. 월요일이 그나마 한가하셨는데 그 때는 제가 그렇지 못했습니다. 영어학원 수업이 항상 월요일 저녁에 있었기 때문에 아빠랑 함께 하는 시간은 많지 않았습니다. 그땐 제가 너무 어려서 목사님에게 있어 '토요일'이 어떤 날인지를 알지 못하였습니다. 그러던 어느 날(5~6학년 무렵) 아빠는 큰 결심을 하셨고 토요일 오후 5시부터 7시까지 저와 단둘이 데이트 해주시기로 하셨습니다. 일주일에 딱 두 시간뿐인 시간이었지만 저는 정말 일주일 내내 그 두 시간만을 손꼽아 기다렸습니다. 딱히 많은 것을 하진 않았습니다. 하지만 그 시간만큼은 지금까지도 너무 생생하게 기억나는 행복한 시간이었습니다.

한번은 그 시간에 아빠에게 한가지 질문을 했다가 답을 듣고 오랫동안 삐친 적이 있었습니다. "아빠, 하나님이 더 좋아 아니면 내가 더 좋아?" 아빠의 대답은 야속하게도 칼 대답이었습니다. "당연히 하나님이지!" 나는 그냥 듣기 좋으라는 말로라도 나라고 해주면 뭐가 덧나냐고 아빠한테 투정했지만, 아빠는 단호하게 "안 돼!"라고 하셨었습니다.

제가 중학교 시절, 아빠의 모습은 좀 슬퍼 보였습니다. 한국을 떠나 미국 오클라호마에 정착하신 아빠는 큰 어항에 있다 좁은 어항에 갇힌 상어 같아 보였습니다. 한국보다 사역의 분량이 많지 않았던 아빠는, 여가 시간을 어떻게 보내야 하는지 모르셨던 것 같았습니다. 그때 아빠의 공허함을 제가 성인이 되어서야 더 이해하게 됐습니다. 저 또한 회사에서 큰 프로젝트를 마친 다음 날은 공허함이 찾아왔기 때문입니다. 그래서 그 공허함을 채우려 더 큰 프로젝트를 만들어 저를 바쁘게 만들려고 하려고 했었습니다. 하지만 오클라호마에서의 아빠는 그 공허함을 어떻게 채워야 하는지 모르셨기에 더 무기력해지신 것 같았습니다. 그리고 어린 저로서는 그 이유를 잘 모르는 가운데, 아빠는 갑자기 한국으로 돌아가 선교사 훈련을 받으시겠다고 하셨습니다. 영문은 몰랐지만, 솔직히 백인이 주류인 노만 땅에서 동양인이라는 이유로 학교에서 왕따를 받았던 저는 너무 기뻤습니다. 미국 생활은 저에게 있어 정말 악몽과 같았기 때문이었습니다.

 한국에 돌아온 아빠는 예전처럼 활기를 찾으셨고 기뻐하셨습니다. 그러나 그 후 미국 LA에서 교회를 개척하신 아빠는 예기치 않게 시작된 생활고로 인해 고난의 길을 걸으셨습니다. 개척교회 초창기 때는 주로 우리 식구가 전부였지만, 제겐 좋은 기억으로 남아있습니다. 우리 집에서 시작한 작은 가정 교회였지만 아빠는 힘있게 복음을 전하셨습니다. 사실 제 눈에는 늘사랑교회에서 사역하셨을 때보다 그곳에서 사역했던 아빠가 더 활기 있어 보였습니다. 그러던 중에 아빠는 산호세교회의 청빙을 받으셨고, 그 후부터는 아빠와 더 이상 함께 살 기회가 없었습니다. 저는 학업으로 인해 어쩔 수 없이 LA에 잠시 따로 살아야 했고, 고등학교 졸업 후 가족이 있는 산호세로 가게 됐지만, 아빠는 건강 악화로 저를 미국에 홀로 둔 채, 다시 한국에 돌아가셔야만 했습니다.

　가족과 떨어져 살 때 유일하게 매번 제게 안부 전화를 해 준 사람은 우리 아빠였습니다. 많게는 하루에 한 번, 적게는 일주일에 한 번은 꼭 전화해 주셨습니다. 아들이 잘 있는지?, 아픈 곳이 없는지, 생활비는 부족하지 않은지, 내 신앙생활에는 문제가 없는지 항상 안부를 묻곤 하셨습니다.

　아빠 손은 약손이었습니다. 어렸을 때부터 편두통을 달고 산 저는 두통이 올 때마다 극심한 통증으로 구토를 많이 했었습니다. 그때마다 아빠가 기도해주셨는데 정말 놀랍게도 기도 후에는 두통이 말끔히 치유되곤 했었습니다.

    누군가가 저에게 영적 롤 모델이 누구냐고 묻는다면 저는 단 1초도 망설임 없이 우리 아빠라고 대답합니다. 아빠는 예수님처럼 살기를 힘써 노력하신 분이십니다. 그런 아빠가 너무 존경스럽습니다. 아빠는 부활하신 예수님을 만난 이후 무너져도 다시 일어나셨고 휘둘리셔도 다시 제자리를 찾아 나아가셨습니다. 그리고 끊임없이 부활을 외치시며 나아가셨습니다. 그렇게 훌륭하신 아빠, 믿음의 아빠를 제게 허락해 주신 하나님께 저는 항상 감사드리고 있습니다. 비록 일찍 소천하셨지만, 예수님이 재림하실 때 부활하실 아빠를 생각하면 소망이 넘칩니다. 저도 아빠처럼 부활하신 예수님을 주인으로 모시며 이 세상을 주님과 동행하며 살아가고 싶습니다. 그래서 언젠가 저도 꼭 천국에서 아빠와 다시 만날 것입니다.

    보고 싶은 아빠!

    사랑해요! 그리고 존경해요! 우리 다시 만날 때까지 저도 주님 바라보며 살게요!

형님을 추억하며…

성대현(친동생)

어느덧 형님(성도현 목사)이 천국에 가신지 일 년 반이 지났습니다. 항상 "모든 사람이 죄를 범하였으매 하나님의 영광에 이르지 못하더니 그리스도 예수 안에 있는 구속으로 말미암아 하나님의 은혜로 값없이 의롭다 하심을 얻은 되었느니라" 로마서 3:23-24는 말씀을 강조하시던 형님의 설교가 지금도 감동으로 다가옵니다. 설교가 지금도 감동 있게 들립니다.

성도현 목사님은 경상북도 의성읍 상리리 독산마을 이라는 시골 농촌의 유교집안 장손자로 태어났습니다. 할아버지는 갓을 쓰고 동네 서당 훈장을 하셨기에, 형님은 유년시절 자연스레 서당에서 천자문과 붓글씨를 배웠습니다. 또한 장손이었기에 대가족 안에서 귀여움과 사랑을 받으며 유복하게 자랐습니다.

　어린 시절 형님과 저는 죽마고우들과 함께 소 먹이러 계곡에 가곤 했습니다. 이 때 모두들 전쟁 놀이 같은 것을 하고 놀았는데, 형님 혼자 책을 읽곤 했습니다. 형님은 시골아이들이 좋아하는 물고기 잡이, 연 날리기, 썰매 타기, 구슬치기 같은 것에는 관심이 없었습니다. 무협지 시리즈 같은 책 읽는 것을 즐겨하던 모습만 기억에 남습니다.

　초·중등 시절 형님은 공부를 잘했을 뿐 아니라 그림에도 뛰어난 소질이 있어 학교 대표로 사생대회에 출전하기도 했습니다. 할아버지는 형님을 서울에 있는 고등학교로 유학을 보내셨습니다. 형님은 동네에서는 장래가 촉망받는 학생이자 희망이었습니다.

　형님은 대학 시절 예수님을 만나면서 생명의 말씀으로 인해 기쁨의 생활을 하였습니다. 그 때 동생인 제게 복음을 전해 저도 '주는 그리스도시요 살아계신 하나님의 아들'이심을 고백하게 되었습니다.

　형님이 목회 하실 때는 인터넷을 통해 매주 설교를 들었습니다. 항상 복음을 전하셨고 영혼 구원을 위한 초청 메시지를 빼놓지 않으셨습니다. 언제나 천하보다 귀한 한 영혼을 향한 간절한 설교였습니다. 사역하시던 교회마다 복음을 전하며 선교하는 교회가 되도록 사역하셨습니다.

한 영혼을 소중히 여기며 온 힘을 다해 복음을 전하셨던 형님, 또 저에게 기쁨의 복음을 전해 주셔서 예수님을 구주로 영접할 수 있도록 해주신 형님.

형님께 감사드립니다.

말씀에 붙잡혀 살았던 친구, 사랑하는 성도현 목사!

이현모(전 침례신학대학교 교수)

사랑하는 친구이며, 동역자이며, 존경하는 설교자인 성도현 목사가 천국으로 떠난 지 벌써 일 년이 지나갔습니다. 그의 푸근한 미소와 외식 없는 소탈함, 누구라도 형제, 자매로 격의 없이 대했던 소박함이 그리워집니다. 내가 처음 성도현 형제를 만난 것은 1984년 침례신학대학원에 입학하면서였습니다. 죠이선교회에서 김용경 사모를 이미 알고 있었던 저는 김용경 사모의 남편이라는 소개로 처음 인사를 하게 된 것 같습니다. 그 이후로 동갑이었고 신앙 색깔도 비슷해서 신학대학원 시절 가장 친한 친구 중 하나로 지냈고, 신학교를 졸업한 이후 평생 동역자의 길을 함께 걸어왔습니다.

성도현 목사를 한마디로 표현한다면 평생 하나님의 말씀만을 붙잡고 그 말씀대로 살려고 애를 썼던 보기 드문 말씀의 사람, 믿음의 사람이었습니다. 이런 표현은 말로 하기는 쉽지만 실제 이렇게 살아가기 위해서는 적지 않은 대가를 치러야 하는, 절대 쉽지 않은 여정입니다. 전통적 유교 집안에서 태어난 그가 그리스도인이 되었을 때 부모님의 극심한 반대를 견뎌야 했습니다. 신학교에 진학하게 되자 부모님은 거의 의절하다시피 하셨고 어떤 지원도 거절하셨습니다. 이미 결혼했고 첫째 은혜가 태어난 시점에서 아무런 재정 지원 없이 신학대학원 3년을 공부한다는 것은 정말 어려운 일이었습니다. 그러나 성 목사는 흔들림 없이 말씀의 약속대로 하나님이 이루실 것을 믿고 나아갔습니다. 옆에서 보는 제가 흔들릴 정도의 상황이어도, 그는 하나님의 약속을 우직하게 기다리며 믿음을 지켰고, 응답을 받곤 했습니다. 오히려 그의 삶은 내게 큰 도전으로 다가왔었습니다.

목회를 시작하자 설교자로서의 은사가 크게 드러났습니다. 하나님을 알고 난 후 말씀에 매달렸고 성경을 깊이 공부한 열매인 그의 설교는 힘 있는 하나님의 말씀이었습니다. 설교에 기교를 별로 사용하지 않지만 말씀 자체가 가지고 있는 힘을 드러내는 설교는 회중들을 변화시켰습니다. 처음 개척했던 대덕연구단지에서 '늘사랑교회'하면 모든 사람이 "아! 말씀이 좋은 그 교회!"라고 인정하는 교회였습니다. 말씀을 전할 때의 그 빛나는 눈빛과 단호한 표정은 결코 잊을 수가 없습니다. 그의 설교 능력은 이 땅에서의 삶을 마칠 때까지 변함없는 그의 은사였습니다. 가는 곳마다 그의 말씀은 교회를 살리고 회중을 변화시켰습니다.

성 목사의 또 다른 은사는 선교에 대한 철저한 헌신이었습니다. 처음 교회를 시작하면서부터 선교는 성 목사의 마음 중심에 자리하고 있었습니다. 교회를 선교 지향적인 교회로 이끌었을 뿐 아니라 실제 자신이 선교지를 꾸준히 방문하면서 선교사들을 격려하고 도전하고 동참하는 삶을 살았습니다. 90년대 초에 한국교회는 선교의 걸음마를 하고 있었고, 특히 침례교회의 선교는 출발선을 겨우 넘은 상태였지만, 성 목사의 헌신은 시대를 앞서갔습니다. 때론 중국을 거쳐서 중앙아시아까지의 험난한 선교 여정에도 그는 지치기보다는 흥분되어서 피곤을 잊고 선교의 열정을 쏟아붓기도 했었습니다. 한국 침례교회 선교 역사에서 성 목사의 행적은 잊혀질 수 없는 귀한 유산이 되었습니다.

    성 목사는 또한 타고난 목회자였습니다. 그는 형제, 자매와 교제하는 것을 잠자는 것이나 밥 먹는 것보다 더 즐긴 것 같았습니다. 언제가 자신은 집회에 가면 호텔에서 잠을 자는 것보다 그 지역의 형제, 자매를 찾아가서 밤새도록 교제해야 그 다음날 설교가 제대로 된다고 말할 정도로 그는 목양의 맛을 즐겼고 좋아했었습니다.

    잘못된 시류에 오염되지 않은 삶을 살았던 성도현 목사, 형제로서 그가 그립고 다시 보고 싶습니다. 비록 육신의 질병으로 우리의 바람보다 일찍 하나님의 나라로 갔지만 아마도 그는 바울의 마지막 고백을 천국에서 했을 것이라 믿습니다. "주님, 저는 선한 싸움을 싸우고 저의 달려갈 길을 마치고 믿음을 지켰습니다."

    언젠가 환한 얼굴로 천국에서 다시 그를 만나기를 고대합니다.

도현 형을
추모하며…

정현권(유성중앙교회 담임목사)

수원에 있는 아주 대학교에 입학 시험을 보러 갔다가 이틀간 민박하며 성도현 선배와의 만남이 시작되었다. 당시 선배는 이동원 목사님이 시무하시는 산상 교회 청년부 회장으로 복음의 열정이 불타올랐던 때였다. 본고사 입시를 앞두고 긴장한 나의 상황은 전혀 고려하지 않고 열정적으로 내게 복음을 전했다.

    그리고는 내 손을 덥석 잡고 간절히 기도해 주었는데 불신자였던 나는 '기도는 조용히 하는 것'으로 알고 있었는데 큰 소리로 침을 튀기며 소리 지르며 기도하기에 웃음이 터져 나올 것 같았지만 꼭 합격하게 해달라는 기도에 기분은 좋았다.

시험에 합격한 이후, 참 신기하게도 하나님께서는 우리를 가까이 붙여주셨는데 함께 산상 교회에 출석하며 성도현 선배를 따라 ROTC를 지원하고, 11사단에서 같이 복무했다. 뒤이어 침례신학대학원에도 따라갔고, 어느 날 지금의 아내를 소개하여 결혼하게 되었고, 늘사랑교회 개척을 함께했고, 후에 나도 개척하여 같은 지방회에서 동역자로 섬기게 되었다.

신학대학원에 와서 몇 달간 성도현 선배 집에서 지내게 되었을 때 당시 김용경 사모님이 임신하고 입덧 중이었는데 우리는 옆방에서 밤늦게까지 시간 가는 줄도 모르고 수다 삼매경에 빠진 일이 사모님에게는 큰 고통이었음을 후에 알게 되어 회개하기도 했다.

돌이켜보니 많은 사람과의 만남과 동역, 다양한 추억들이 있는데 한 사람 성도현 선배와의 만남과 동행, 동역은 가족 외에 다른 누구와 비교할 수 없을 정도로 오랜 시간 진한 사귐의 시간이 되었다. 이는 또 하나님의 특별한 섭리였고, 한 사람을 깊이 알고 사랑하고 동역하는 목회 훈련이었던 것 같다.

젊어서 누구보다 건강했던 성도현 선배가 훌쩍 떠나가니

드라마가 중간에 끝난 것 같은 기분이다. 그러나 장례식 때 이동원 목사님의 말씀대로 하나님의 때에 사명을 다 마치고 영광에 들어갔다고 믿는다. 이제 얼마 후에 영원한 곳에서 영원히 함께 할 것을 믿고 소망한다.

김용경 사모님과 은혜, 연익, 연지 그리고 사위들, 며느리, 손주들 모두 행복하시고 한 명도 빠짐없이 천국에서 만나기를 축복합니다.

하나님의 사람,
도현 형을 그리워하며…

김기태(인도 선교사, 구르가온한인교회 담임목사)

어느덧 도현 형이 우리 곁을 떠난 지 일 년이 넘었다. 도현 형과의 만남은 내가 수원 유신고등학교 2학년 때였다. 당시 형은 아주대학교 3학년 학생이었고 학군단 장교 후보생이었다. 우리는 당시 유신고등학교 교목으로 계시던 이동원 목사님께서 개척하여 목회하시던 산상교회를 출석하고 있었다. 도현 형의 첫인상은 수더분하고 무언가 약간은 촌스럽기도 하지만 격이 없고 사람 좋은 형이었다.

　나와 외모적으로나 성격적으로 비슷해 교회 사람들이 우리 둘이 당연히 형제인 줄 알고 있었다. 나중에 형의 친동생 대현이 교회에 왔는데, 교인들은 대현이 아니라 내가 친동생이라고 생각할 정도로 우리의 외모가 비슷했다. 그러다가 성이 다른 것을 아시고는 왜 성이 다르냐고 물으면 "아버지가 다르다"고 농담처럼 말하곤 하였다.

형은 늘 남의 이야기를 잘 믿고 사람들을 좋아하고 빈틈이 있어 보였지만 오히려 그것이 형의 장점이었다. 누구나 형을 만나면 무장해제가 되었고 편했다. 그냥 형과 이야기 하는 게 즐거웠다. 그래서 누구나 도현 형을 좋아했다. 그러나 신앙에 있어서는 누구에게도 뒤지지 않은 열정과 헌신을 갖고 있었다. 그래서 형의 별명이 베드로였다. 앞뒤를 분간 못하는 천둥벌거숭이 같아 보이지만 같지만, 형은 헌신과 열정으로 주님께 사랑받았던 베드로였다.

형은 주말에 늘 교회에 왔고, 자주 나와 함께 교회 지하실에서 잠을 자기도 했다. 나는 형을 잘 따랐는데 남을 잘 섬겨주고 다른 이들을 잘 격려하는 형의 모습이 좋았기 때문이다. 늘 나에게 "너는 어떻게 그렇게 웃기냐?" "얘는 참 말을 잘해"라고 말하며 껄껄 웃던 형의 모습이 생각난다.

나중에 형이 직장 생활하며 결혼한 이후에, 부르신 소명에 순종하기 위해 신학교에 왔을 때 우리는 다시 만나 함께 공부하였다. 신학교에서도 영성과 열정으로 잘 섬기는 형은 항상 많은 신학생에게 좋은 친구가 되어주었다.

형은 자신도 어려우면서 늘 다른 사람을 챙기며 섬기기를 좋아했다. 형은 신혼 시절, 서울침례교회 대학부 리더로 섬겼고, 후에 대전에서 교회를 개척하였다. 당시 나는 부산에 내려가 대학 캠퍼스 사역을 시작했는데 내가 형을 부르면 언제든지 부산으로 달려와 우리 수련회에서 강사로 말씀을 전해 주었다.

메시지를 전할 때마다 온 사방에 침을 튀기곤 했지만, 그 모습에서 보이는 영혼과 말씀을 사랑하는 깊이와 열정은 대학생들에게 큰 은혜를 끼쳤다. 특별히 격이 없이 학생들과 어울리며 고민을 들어주고 말씀으로 격려하던 형을 학생들은 너무 좋아했다. 자신도 작은 개척교회 목회자이면서, "캠퍼스 사역하는 네가 무슨 돈이 있겠니?"라고 하며 강사비를 받지 않고 오히려 용돈을 주고 가기도 하였다.

대전에 갈 때면 늘 형이 살던 작은 주공아파트에서 같이 밤새 즐겁게 이야기하던 생각이 난다. 형 가족들이 살기에도 작은 아파트였는데 나까지 가서 밤새 떠들었으니 지금 생각해보면 형수와 조카들에게 미안한 마음이 든다.

형은 영혼에 대한 열정뿐 아니라, 선교에 대한 뜨거운 열정을 가지고 산 사람이었다. 교회 창립 때부터 선교에 대한 마음을 가지고 선교사를 파송하고 힘에 지나도록 지원하였다. 당시 형이 사역하던 교회(늘사랑교회)에서 파송한 김동성 선교사, 주민호 선교사는 카자흐스탄 선교의 선임선교사로 귀한 지도력과 사역의 많은 열매를 맺었다. 카자흐스탄을 여러 번 방문하고 선교사들 모임과 청년들 수련회에 강사로 오셔서 귀한 도전을 늘 주시곤 하였다. 카자흐스탄의 선교사들과 여러 민족은 형에게 사랑의 빚을 졌고, 천국에서 카자흐스탄의 수많은 구원받은 무리가 형의 수고와 눈물과 섬김에 감사할 것이라 믿는다.

그 이후 형이 한국을 떠나 미국에서 목회하다 건강을 잃고 다시 한국으로 돌아왔을 때, 나는 선교사로 카자흐스탄에 있었기에 자주 만날 기회는 없었지만, 한국을 방문할 때면 꼭 형을 만났다. 그때마다 형은 그 열정과 긍정적인 태도로 늘 나를 격려해주었다. 형이 아프다는 소식이 들려오고 그 소식이 더 자주 들려올 때는 마음 같아서는 단숨에 달려가고 싶었지만 그렇게 할 수 없어 힘들었다.

한국교회와 세계선교와 후배들을 위해 더 많이 일할 수 있는 형이 왜 이리도 우리 곁을 일찍 떠났는지. 하나님은 왜 이리도 형을 사랑하는 사람들부터 일찍 데려가셨는지 알 수 없지만, 아마도 주님께서는 천국에 형을 일찍 부르실 이유가 있을 것이라고 믿는다.

이제 더 이상 밤을 새가며 편하게 수다를 떨고 웃고 함께 기도할 형이 없다는 것이 한편으로 슬프다. 도현 형은 항상 넥타이는 풀려있고 입안에는 침이 가득하고 무언가 허술해 보였다. 그러나 그 허술함은 부족함이 아니라 다른 이들을 편하게 하는 능력이었다. 복음과 메시지를 전할 때는 한없이 따뜻하고 열정이 넘치지만, 죄를 이야기할 때는 무섭고 매서울 정도로 타협이 없었던 하나님의 사람이었다.

형이 그립다. 나만 아니라 형을 아는 모든 사람이 다 형을 그리워할 것이다. 내가 이 세상을 떠나갈 때 이렇게 기억해줄 사람이 있을까…

형이 특별히 더 그립다.

인생 변곡점의 계기가 되어주신 목사님!
천국에서의 재회를 소망합니다!

김두현(지구촌교회 장로)

누구나 인생을 살다 보면 기억될 만한 분들을 만나게 된다. 그런 분 중에 어떤 분은 고마운 분이라는 차원을 넘어 한 사람의 인생에 깊은 영향을 주고 때로는 인생의 변곡점의 계기가 되어주는 분들이 있다. 만약 그러한 분을 신앙생활을 하면서 만난다면, 그것은 하나님의 특별하신 축복이 아닐 수 없을 것이다. 성도현 목사님은 나에게 있어서 그러한 분이다.

성도현 목사님을 내가 처음 만난 것은 1986년 가을로 기억된다. 당시 성도현 목사님은 대전에 있는 한국침례신학대학 대학원 졸업을 앞둔 전도사님이었으며, 아마 교회 개척을 준비하기 위하여 대덕연구단지 연구원들과 교제권을 만들어

가고 있었던 것으로 기억된다.

한편, 그즈음 나는 연구원 생활을 갓 시작했고, 대학 시절부터 서울에서 다니던 교회를 떠나 이제 연구단지에서 신앙생활을 이어가기 위한 둥지를 찾던 중이었다. 그러던 중 내가 잠시 참석한 모임에 전도사님이 오셔서 메시지를 전하시고 함께 교제를 나누며 전도사님을 처음 만나게 되었고, 이를 계기로 전도사님이 때마침 시작하고 계신 연구단지 내 성경 공부 모임의 일원으로 참석하게 되었다.

지금 생각해보면 전도사님의 설교와 성경 공부에는 좀 특이한 면이 있었다. 먼저 설교는 힘차면서도 좀 투박하다고나 할까. 당시 유명 목사님의 설교를 마치 매끈한 세라믹 그릇에 비유한다면 전도사님의 설교는 서민들의 뚝배기 그릇 같은 느낌이었다. 그래서 그런지 설교를 듣고 있자면 낮고 가난한 자를 찾아오신 예수님의 진심이 진국처럼 우러나 어느새 나의 마음속에 스며드는 그런 느낌이었다. 성경 본문을 있는 그대로 풀어가면서 세상적인 가치에 물들지 않고 주 예수만을 바라보는 순수한 신앙을 단도직입적으로 도전하셨다.

성경 공부는 10여 명의 형제자매를 중심으로 제자훈련 프

로그램과 유사하게 진행되었는데, 특이한 점은 성경을 매우 세밀하게 다루셨다는 점이다. 갈라디아서, 에베소서, 빌립보서 순으로 성경 한 구절 한 구절을 해석하듯이 꼼꼼히 공부해 나갔는데, 굳이 표현하자면 마치 저인망식 성경 공부 같았다. 보통의 경우 요한복음이나 마태복음 같은 복음서부터 성경 공부를 시작하겠지만 아마 연구원들이라 지적 욕구가 많을 것 같다고 생각하셔서 교리적 측면이 강한 갈라디아서부터 시작하셨던 것 같았다. 나 역시도 연구원이라는 특성을 갖고 있어서인지 그러한 방식의 성경 공부가 너무 재미있었고, 이를 통해 말씀을 분해하고 전후 문맥의 뼈대를 찾아 요점을 발라낸 후 각자의 삶에 적용까지 해보는 마치 고해상도 화면을 보듯 선명하게 본문의 뜻을 풀어주는 성경 공부의 즐거움에 심취하게 되었다.

모임은 주로 연구단지 내 한 집사님 주택의 지하실에서 이루어졌는데, 성경 공부를 했던 말씀이나 암송한 말씀을 놓고 그 말씀이 나의 삶 속에 그리고 우리의 삶 속에 이루어지길 소원하며 함께 기도를 쏟아내던 그 현장, 그리고 모임을 인도하시던 성도현 전도사님의 뜨거웠던 그때 모습을 나는 지금도 잊을 수가 없다.

이렇게 10여 명의 형제자매가 몇 개월을 교제한 끝에 하나님께서 보내주신 몇 분들과 한뜻이 되어 결국 1987년 3월 1일 늘사랑교회를 창립하게 되었다. 창립 후 어느 날 에베소서 3장 8~9절 말씀을 중심으로 설교를 하셨는데, 내가 지금도 기억하고 있는 것을 보면 이 말씀으로 목사님의 삶의 철학이 요약되지 않을까 싶다.

> "모든 성도 중에 지극히 작은 자보다 더 작은 나에게 이 은혜를 주신 것은 측량할 수 없는 그리스도의 풍성함을 이방인에게 전하게 하시고 영원부터 만물을 창조하신 하나님 속에 감추어졌던 비밀의 경륜이 어떠한 것을 드러내게 하려 하심이라" _에베소서 3:8-9

이 말씀처럼 목사님은 스스로를 늘 작은 자로 여기셨고, 사모님 역시도 그러하셨다. 그리고 언제나 측량할 수 없는 주님의 은혜 안에 머물며 주님보다 앞서지 않기를 소망하셨다. 또한 은혜에 빚진 자로서 창조주 하나님 속에 감추인 비밀의 경륜인 예수님의 복음을 열방에게 전하기를 원하셨다.

하지만, 열정이 너무 크셨던 탓일까? 늘 열정이 가득 넘쳤기에 어쩌면 너무 일찍 모든 것을 쏟아부으신 것 같기도 하다. 그리고 때로는 목회 현실과의 괴리 속에서 핍박과도 같은 스트레스도 많이 받으셨던 것 같다. 목사님이 중병에 걸렸다는 소식을 듣고, 그리고 끝내 돌아가셨다는 소식을 듣고는 눈앞이 하얗게 되는 느낌이었다. 모든 것이 하나님의 경륜 속에 있는 것임을 잘 알면서도 솔직히 너무나 아쉽고도 슬펐고, 지금도 참으로 그립다.

성도현 목사님의 삶을 돌이켜보면 "전제와 같이 내가 벌써 부어지고 나의 떠날 시각이 가까웠도다"디모데후서 4:6 라는 말씀이 떠오른다. 그는 '벌써' 떠나고 이제 이 땅에 안 계시다. 그것이 하나님의 섭리인가보다. 하지만, 그분이 남긴 확실하고 분명하며 순수한 신앙, 그리고 열정 가득한 목회자로서의 모습은 천국에서의 재회를 소망하는 형제자매들의 신앙 속에 하나의 변곡점이 되어 여전히 남아있을 것이다.

그리운 성도현 목사님을 추억하며…

김신일 (미국 인디애나 주, 은혜침례교회 담임목사)

되돌아보니 성도현 목사님을 만난 지가 벌써 30년이 다 되어 간다. 30년이라고 하지만 사실 목사님과 함께 한 시간은 늘사랑교회에서의 4년 정도가 고작이다. 그렇지만 세월이 흘러도 지금까지 목사님이 내 가슴 깊은 곳에 묵직하게 남아있는 것은 아마도 목사님과 함께했던 4년의 시간 동안 잊을 수 없는 행복한 추억이 많이 남아있기 때문일 것이다.

1990년대 중반, 당시 늘사랑교회는 침례교단에서도 주목받을 정도로 한창 건강하게 성장하던 교회였고, 예배와 교육뿐만 아니라 특히 선교 활동이 활발하여 침례교뿐만 아니라 지역 교회들에도 좋은 모범이 되고 있었다. 바로 그 교회를 개척하고 이끌어 오셨던 성도현 목사님을 만나고 함께 사역했던 것은 나에게 큰 행운이 아닐 수 없다.

성도현 목사님을 아는 분들은 흔히 목사님을 베드로에 비유한다. 주님이라면 시퍼런 물속이라도 당장 뛰어들 정도로 주님밖에 모르는 단순하고 대담한 용기, 그리고 복음과 교회에 유익이 된다면 머릿속으로 계산하지 않고 일단 실행하고 보는 과감한 결단력 면에서는 정말 맞는 말인 것 같다. 그런데 내가 모셨던 성 목사님은 베드로보다는 오히려 다윗에 더 가깝다. 적어도 예배에 관해서 만큼은 그렇다. 왜냐하면 성 목사님처럼 예배를 사모하고 찬양을 열정적으로 부르는 분을 많이 보지 못했기 때문이다.

성 목사님이 찬양하실 때는 다윗이었다. 언약궤가 예루살렘 성에 들어올 때 왕의 신분을 전혀 의식하지 않고 춤추던 다윗처럼, 목사님은 찬양하실 때만큼은 담임 목사라는 직분을 의식하지 않으시고 오로지 찬양에만 몰입하셨다. 마치 다윗이 "이는 여호와 앞에서 한 것이라"사무엘하 6:21라고 당당하게 말한 것처럼 성목사님의 찬양 모습이 바로 그랬다. 당시 예배 인도자로서 나는 그것이 제일 행복했다. 담임 목사님이 예배 때마다 제일 앞에 서서 때로는 손뼉을 치면서, 때로는 눈을 지그시 감은 채 두 손을 들고 제일 열심히 찬양하는데 누가 힘이 나지 않을 수 있겠는가! 지금도 두 손을 들고 눈을 지그시 감고 찬양하시는 목사님의 모습이 눈에 선하다.

성 목사님에 대한 많은 기억이 있지만 지금까지도 나의 가슴에 소중하게 담겨 있는 잊을 수 없는 한 장면이 있다. 한번은 목사님께서 사역자 사무실에 들어오셔서 둥근 테이블 한쪽에 앉으시더니 "네가 날 사랑한다면 나의 어린 양 먹이라"는 찬양을 부르시는 것이다. 근데 솔직히 말하자면 성 목사님은 찬양을 누구보다도 좋아하시지만, 찬양을 부르시는 은사는 없으시다. 그래서 내가 기타를 들고 목사님 맞은 편에 앉아 그 찬양을 같이 불렀다. 그렇게 몇 소절을 같이 부르시다가 그다음부터는 눈을 감으시고 한참을 들으시더니 어느새 눈가에서 눈물이 흘러내리는 것이다.

그러면서 "주님께서 나에게 양들을 먹이라고 하셨는데… 나는 참 많이 부족한 것 같아"라고 혼잣말을 하시면서 흐르는 눈물을 계속 훔치시는 것이다. 그렇게 한동안 목사님은 고개를 숙인 채 찬양을 들으시면서 기도를 하셨다. 목사님은 아마 그 찬양을 통해서 당신의 목회적 사명을 다시 되돌아보시고 주님의 도우심을 구하시는 것 같았다.

성 목사님은 그런 분이셨다. 언제 어디서든 찬양에 은혜를 받으시거나 성령의 감동이 있으면 그걸 굳이 감추려 하지 않으시고 예배로 승화시키셨다. 성령의 감동이 있을 때는 부 사역자 앞이라도 자신의 부족함을 고백하며 주님께 기도하는 그렇게 맑고 순수한 영혼을 가진 분이었다. 목사님은 사적인 자리든 공적인 자리든 항상 하나님을 의식하는 예배자의 모범을 먼저 보여주셨기에, 훗날 나 역시 담임 목회를 하면서 이런 모습이 얼마나 중요한지 다시 한번 느끼게 된다.

또 하나의 기억은 목사님이 가장 아끼시는 것 중 하나인 "밀대"와 관련된 것이다. 목사님은 "언젠가 이 밀대로 목자 부부들에게 칼국수 한번 만들어 주고 싶다"라고 자주 말씀하셨다. 사실 말은 쉬워도 그게 정말 쉬운 일인가! 그런데 어느날 목사님이 작정하셨던지 주방에서 밀대로 밀가루 반죽을 하시는 것이다. 앞치마를 두르고 두툼한 손으로 면을 만드시는 목사님의 모습이 중국집 요리사와 어쩌면 그리 잘 어울리시는지… 그날 초대되었던 모든 분이 목사님이 손수 만들어 주신 칼국수를 먹으면서 행복한 시간을 보냈던 기억이 난다. 내게도 인생 최고의 칼국수였다. 목사님은 한창 성장하던 교회를 이끌어 가시면서도 이런 소박함을 겸비하신 분이셨다.

   2019년 한국 방문 때 서울침례교회에서 목회하시던 목사님을 뵈었던 것이 마지막이 될 줄은 꿈에도 생각하지 못했다. 이럴 줄 알았으면 더 자주 인사를 드릴 걸 하는 후회가 크다. 지금이라도 전화를 드리면 "김 목사, 잘 지냈어?"라고 소탈한 미소로 말씀하실 것만 같은데… 이제는 뵙고 싶어도 뵐 수 없으니 비록 단상이라도 목사님과의 행복한 추억을 기억 한 편에 소중히 새겨야겠다.

카자흐 형제들에게
"하나님이 주신 목사님"이라 불렸던
성도현 목사님을 추억하며…

주민호(침례교해외선교회 회장, 전 카자흐스탄 선교사)

성도현 목사님은 생각만 해도, 그 이름을 부르기만 해도 참 마음이 따뜻해지고, 그리움이 일어나는 분이시다. 나를 많이 인정해 주고, 우리 카자흐 형제들까지 사랑해 준 분이셨다.

성 목사님은 처음에 나를 "주 전도사!"라고 부르셨고, 얼마 후 "주 선교사!"라고 불러주셨다. 가끔 "주 목사!"라고 하기도 하셨다. 나는 그분을 처음에는 "성 전도사님"이라 부르다가 시간이 지나 "성 목사님"이라 부르게 되었다. 물론 사적인 자리에서는 가끔 "형님!"이라고 부르기도 했지만 제일 친근한 호칭은 "성 목사님"이라고 여겨진다.

우리 카자흐 형제들은 그분을 "쿠다이베르겐 아가"라고 불렀다. 내가 성목사님을 '나의 목사님'이라고, 나를 카자흐스탄으로 파송한 교회의 담임목사님이라고 소개했더니 성도현 목사님에 대한 고마움과 감사, 사랑과 존경을 담아 "쿠다이베르겐 아가"라고 부르게 된 것이다. 여기서 "아가"는 존경하는 어른들에게 붙이는 존칭어이다. 한국말로는 "형님, 아저씨, 목사님" 모든 경우에 사용이 가능한 호칭이다.

카자흐 형제들이 지어준 이름 "쿠다이베르겐", 성도현 목사님께 참 잘 어울리는 이름이었다. "하나님이 주신"이라는 의미이다. 카자흐 형제들은 어찌 첫눈에 성도현 목사님을 "하나님이 주신 목사님"이라고 알아보았을까? 카자흐 형제들도 참으로 영적인 사람들인 것이 분명하다.

성도현 목사님은 어쩌면 준비가 덜 된 선교사였던 나를 참으로 사랑하고 믿어준 사람이었다. 같은 시기에 함께 파송 받아 온 다른 선교사들이 고려인 사역을 하면서 열매를 많이 맺고 있었는데, 그들 옆에서 나는 카자흐어를 배우며 열매 없는 선교사로 지냈었다. 그런데도 "주 선교사가 잘하고 있는 거야!"라며 언어를 배우고 문화를 익히는 나를 무한 격려하셨었다. 이태웅 목사님을 통해 선교를 배우셨다고 하지만 파송 교회 목사로서 그렇게 기대하고 선교사를 기다려주는 태도를 갖는 게 마냥 쉽지만은 않았을 텐데 말이다. 되돌아볼 때 나의 사역에 있어서 성 목사님은 "하나님이 주신, 쿠다이베르겐" 목사님이셨다. 시간이 많이 지나서 지금 나는 침례교해외선교회 회장으로 사역 중이다. 나는 스스로에게 가끔 묻곤 한다. 나를 향해, 그리고 우리 동료 선교사들을 향해 성 목사님이 보여줬던 그런 기대와 기다림의 태도를 나도 지금 가지고 있나?

쿠다이베르겐 목사님은 나를 통해 예수를 믿고 자라가는 카자흐 형제들을 그렇게나 사랑하시고 "아이다르 쟌, 마닷, 으드리스, 카를리가쉬"라며 그들의 이름으로 일일이 불러 주셨었다. 이름을 기억하고 불러주신 것에 더하여 그들을 위해 기도하며 장차 카자흐 민족의 지도자가 될 것을 기대하셨다. 성도현 목사님의 기대와 기도대로 우리 카자흐 형제들은 카자흐 민족의 지도자들로 자랐고, 카자흐와 중앙아시아 사역을 책임지며 우뚝 선 목회자들이 되었다! 카자흐 형제들에게도 성도현 목사님은 진실로 "쿠다이베르겐, 하나님이 주신"

목사님이셨던 것이다. 성 목사님을 추억하면서 오늘 나도 내가 섬기는 선교사들, 그리고 그들의 현지인 열매와 리더들을 위해 기도하고, 그들의 이름을 기억하고 부르는 사람이 되기로 작정한다.

성도현 목사님! 감사합니다! 그리고 많이 보고 싶습니다!

고 성도현 목사님을
추모하며…

이선옥(미국 산호세, 세계선교교회 집사)

2001년 가을에 교회에 불어닥친 큰 환난으로 인해 수많은 성도가 교회를 떠나갔고 성 목사님께서 부임하시기 전까지 세계선교교회에는 여러 어려움이 태풍처럼 쓸고 지나갔습니다. 2004년 12월 드디어 성 목사님이 부임하실 때 우리는 참으로 많은 기대를 하게 되었고 교회가 다시 회복되기를 간절히 바랐습니다.

성 목사님이 부임하시면서 하나님께서는 교회의 무너진 것들을 여기저기 보수하기 시작하셨습니다. 몇 년 동안 드리지 못하던 수요예배를 다시 드리게 되던 날의 감격을 지금도 잊을 수가 없습니다. 일어서서 찬양하는데 성령님의 기름 부음이 넘쳐나 마치 덩실 덩실 춤을 추는 것 같았습니다. 가정교회 모임(셀)도 다시 시작하게 되었습니다. 중보기도 세미나를 통해 중보기도실도 문을 열게 되었습니다. 7주간 진행되었던 중보기도 세미나에 많은 성도가 동참하였고 기도의 불길이 정말 뜨겁게 일어났습니다. 그리고 교회의 어려운 시련들로 인해 갈등과 반목 속에 연합하지 못한 채 흩어졌던 성도들이 전교인 수양회를 통해 서로의 상처를 보듬고 하나되는 큰 은혜가 있었습니다. 또한 성경 일독 학교를 시작하면서 많은 성도가 말씀으로 양육되기 시작했습니다.

그러던 중 지병이 악화되시면서 목사님의 목회를 비판하며 대적하는 목소리들이 들리기 시작했습니다. 심한 정신적 스트레스와 더불어 목사님의 몸과 마음은 많이 지쳐가고 있었습니다. 이런 상황 속에서 성령님께서 교회와 목사님을 위해 더욱 기도 해야 한다는 마음을 강하게 부어주셔서 여러 성도가 모여 함께 기도하기 시작했습니다. 그렇게 목사님을 위한 특별 합심 기도회가 생겨났고 성 목사님도 함께 기도회에 동참하게 되면서 많은 위로를 받고, 힘을 얻으셨습니다. 그러나 결국 목사님께서는 더 이상 목회를 할 수 없다는 결론에

도달하셨고 교회를 사임하게 되셨습니다. 그 후 가끔 들려오는 목사님의 소식은 너무 안타깝고 기나긴 고난의 이야기들이었습니다.

　서계선교교회를 사임하신 후 2년 가까운 시간이 흘렀을 때, 목사님께서 건강이 회복되고 서울침례교회의 담임 목사로 부임하게 되셨다는 너무도 기쁜 소식을 듣게 되었습니다.

　2013년 봄 산호세를 다시 방문하셨을 때 목사님께서는 그동안 목사님에게 무슨 일이 일어났는지를 말씀해 주셨습니다. 부활하신 예수님을 새롭게 만나면서 건강도 회복되고 첫사랑도 회복되고 사역지까지 선물로 받게 되었다고 하셨습니다. 부활하신 예수님을 증거하시는 목사님의 얼굴은 해같이 빛나고 기쁨이 넘쳐났습니다. 목사님의 이야기를 들으면서 저는 놀라움을 금할 수가 없었습니다. 아무 소망도 없이 꺼져가는 등불 같던 성 목사님을 회복시키고 다시 벌떡 일으켜 세우신 부활하신 예수님을 나도 꼭 만나고 싶다는 간절한 마음을 갖게 되었습니다.

　그리고 다음 해 여름, 한국을 방문했을 때 부활하신 예수님을 나의 주인으로 만나는 큰 은혜를 받게 되었습니다. 개인적으로 성 목사님께 가장 감사한 일은 저로 하여금 부활하신 예수님을 만날 수 있도록 증거해 주신 일입니다.

    목사님과 함께했던 순간들이 참으로 소중하고 감사한 시간이었음을 새삼 깨닫고 있습니다. 너무나 갑작스럽게 듣게 된 목사님의 소천 소식 앞에서 목사님께 더 힘이 되어 드리지 못했던 지난 시간이 떠오릅니다. 더 사랑하지 못하고 더 기다려주지 못하고 더 기도하지 못하고 더 소통하지 못했던 우리들의 연약함을 용서해 주세요! 목사님, 우리를 위해 너무 많이 애쓰셨고 수고하셨습니다.

    목사님, 많이 보고 싶습니다. 그리고 사랑합니다!!!

성도현 목사님을 기리며…

박 간(서울침례교회 안수집사)

순수의 아이콘, 성도현 목사님을 하늘나라로 보내 드리고 이제 1년이 지났습니다. 생전의 성도현 목사님을 생각하면 오직 주님 사랑으로 목회를 하셨지만 뜻을 다 이루시지 못하고 일찍 돌아가신 것에 너무나 안타까운 마음으로 뒤돌아보며 목사님을 기립니다.

성 목사님은 2012년 4월 1일 서울교회에 담임목사로 부임하셨습니다. 청빙 시에 목사님의 건강 상태에 대한 우려가 있었으나 건강이 많이 좋아지셔서 큰 무리만 하지 않으면 정상적으로 활동할 수 있는 상황이라는 의사의 소견을 듣고 청빙을 결정하였습니다.

성 목사님이 서울교회에 부임하시던 시기는 전임 담임목사의 재신임이 부결되는 과정에서 교인들 간의 갈등이 아주 심각한 상태에 있던 때였습니다. 하지만 성 목사님이 서울교회에 부임하시면서 교인들이 새로운 소망을 갖고 안정을 찾기 시작하였습니다.

　목사님은 청년 시절 열정을 불태운 서울교회에 부임하시면서 오직 목회에만 집중하기 위하여 몇 가지 중요한 결단을 하셨습니다. 하나는 담임목사 사택의 임차를 거절하시고 교회 내에 있는 좁은 부속건물에서 생활하기로 하셨습니다. 교회 재정 형편이 여유가 없긴 하였으나 종전대로 대출을 받아 사택을 마련할 수 있었는데도 교회 내에 거주하시면서 기도하며 교회를 지키겠다는 의지가 강하셨습니다.

　다음으로 교회 행정에서 담임목사가 당연직으로 맡고 있던 운영위원회 위원장 직책을 집사가 맡도록 규약을 개정하도록 하였습니다. 모든 행정을 집사들에게 위임한 것입니다. 보통의 목사님들이 할 수 없는 결정을 하신 것인데, 교회행정에는 전혀 관여하지 않겠다는 결심으로 받아들였습니다.

　그리고 중보기도실을 만들어 중보기도의 중요성을 일깨

우고 체계적인 중보기도가 이루어지도록 하셨습니다. 이에 따라 많은 성도들이 주님 앞으로 나아가서 기도 응답을 받았습니다. 부임 이듬해에는 전교인 여름수련회를 개최하여 전교인이 한마음으로 참여하여 은혜를 많이 받았습니다. 목사님의 설교 말씀은 부활 복음이 중심이 되었습니다. '내가 주인 된 삶'을 사는 죄를 회개해야 함을 수없이 강조하셨습니다. 이러한 목사님의 말씀에 은혜를 많이 받고 심령이 뜨거워지는 영혼들이 많이 있었습니다.

목사님은 늘사랑교회 개척 때부터 선교에 열심을 내셨습니다. 특별히 중앙아시아에 많은 관심과 인연을 갖고 계셨습니다. 목사님이 늘사랑교회에서 목회하실 때 주민호 선교사를 파송하여 카자흐스탄에서 좋은 열매를 맺었습니다. 한편 중앙아시아에는 서울교회에서 파송된 윤국현 선교사님이 까라깔팍어 성경을 번역하면서 선교사역을 하고 있었습니다. 이러한 관계로 자연스레 카자흐스탄에 매년 단기선교팀이 다녀왔었습니다. 이와 함께 2017년 9월에는 서울교회가 이광천 목사를 카자흐스탄에 선교사로 파송하였습니다.

목사님의 심령을 쏟아붓는 목회 결과로 흩어졌던 교인들

이 모여들고 새로운 성도들이 점차 늘어나면서 교회가 부흥의 기틀을 잡아갔습니다. 그리고 2016년 10월 담임목사 재신임 투표를 무난히 통과하셨습니다.

　그러나 이후 교회 운영과 관련하여 이견들이 나오면서 목회에 다소의 어려움을 겪기도 하셨습니다. 담임목사이면서도 교회 행정을 총괄하지 않으시는 데에 따른 일부 어려움도 있었을 것입니다. 한 예로 목사님은 사무실에서 창을 통해 남산을 바라보시며 사계절이 변하는 것을 볼 수 있었는데 어느 날 사무실 앞에 있는 천막을 교체하면서 천막 높이가 올라가 남산 전경이 막히자 답답해하시는 모습이 지금도 눈에 선합니다.

　목사님은 2019년 연초 특별 새벽기도 기간에 뇌출혈로 쓰러지셨다가 곧 회복이 되셨으나 이후 심장 혈관경색이 발생하는 등 건강이 악화되자 제직들과 협의하여 담임목사직을 후임자에게 조기 이양하는 절차를 밟도록 하셨습니다. 그러나 그 후 설암 발병 등으로 병세가 더욱 악화하여 안타깝게도 2021년 9월 소천하셨습니다.

　목사님은 시골 할아버지 같은 모습이셨지만, 오직 주님

사랑, 오직 복음 전도, 오직 부활 신앙에 철저히 헌신된 분이셨습니다. 목사님은 특히 부활 신앙을 강조하셨는데 그 부활 신앙이 서울교회를 밑바닥까지 변화시키지 못한 것에 대한 안타까움이 있습니다.

지금 생각하면 목사님이 서울교회 담임목사로 오지 않으셨더라면 건강을 완전히 회복하고 오래 사시면서 선교의 열정을 불태우며 주님을 위해 더 많은 일을 하셨을 텐데 하는 아쉬움도 듭니다. 서울교회 안수집사로서 목사님이 건강하게 목회하시도록 역할을 하지 못한 것에 대한 회한이 큽니다.

이제 목사님은 주님의 품 안에서 서울교회의 부흥을 기도하며 완전한 평안을 누리고 계실 줄 믿습니다.

목사님 사랑합니다. 천국에서 다시 뵙겠습니다.

성도현 목사님을 추모하며…

차수정(서울침례교회 지휘자, 전 침례신학대학교 교회음악과 교수)

세월이 빠른 듯하나 때론 느린 듯도 하여 기억은 늘 세월을 이길 수 없음이 애달픕니다. 아주 오랜 세월 모셨던 것 같은데 10여년의 시간이 한 줌의 기억으로 갇히고, 돌아가신 지 바로 엊그제 같은데 벌써 1년 반이란 세월이 흘렀습니다. 목사님은 2012년 4월 첫 주일 부임하셔서 성역에 매진하셨고, 병고로 안식년 중 2021년 9월 1일 지상에서의 작별을 고하셨습니다.

성도현 목사님은 자타가 공인하는 참으로 겸손하고 순박한 분이셨습니다. 성품도 외모도 있는 그대로, 설교와 목회도 복음 그대로, 삶도 일상도 조금의 가식이 없는 그대로였습니다. 목사님은 그저 주님의 종이기를 늘 희망하셨습니다. 모든 에너지가 고갈된 연약한 육신의 굴레에도 끝까지 강단을 지키려 애쓰시던 주님의 신실한 종이었습니다. 성도의 자녀들의 이름을 즐겨 불러주시던 다정한 종이었습니다. "성가대의 찬양이 저에게도 큰 힘이 됩니다" 늘 칭찬과 격려로 고래도 춤추게 하던 선한 주님의 종이었습니다.

그런데 교회마다 비대면 예배로 황망하던 때 그런 아름다운 주님의 종이 투병하다 소천하셨습니다. 투병 중이시라 의례적인 은퇴식 행사도 없이 황망히 떠나셨습니다. 그러나 그것은 단지 부족한 저의 인간적인 소견일 뿐, 목사님의 삶은 황망함과는 거리가 먼 감히 범접할 수 없는 고귀한 사역과 선교로 점철된 열매 맺는 삶이었습니다.

목사님께서 소천하셨다는 소식은 서울교회 성도들에게 큰 아쉬움과 함께 그토록 사모하던 부활의 주님을 만나시게 될 목사님을 향한 기쁨의 천국 환송으로 이어졌습니다. 그리고 저는 목사님을 섬겼던 지휘자로서, 또한 인간적인 아쉬움에 펜데믹으로 텅 빈 성소를 찬양의 충만함으로 채워 목사님을 추모하고자 하였습니다. 1부 비대면 예배의 모든 순서가 끝난 후 독창자 2명, 저를 포함한 반주자 3명이 "위대하신 주"

를 한 절, 한 절 아름다운 울림으로 노래하기 시작했습니다. 열린 문 사이로 가느다란 빛이 스며들었습니다. 그것은 조촐하나 거룩한 찬양이었고, 애도와 감사의 마음이 담긴 진정된 작별의 인사였습니다.

    이제 성도들은 마치 새봄이 오면 다시금 꽃이 피어나듯 옹기종기 모여 때때로 목사님을 추억할 것입니다. 더 넓고 깊고 높은 그곳, 부활하신 주님 곁에서 영원한 찬양을 부르실 성도현 목사님을 감사함으로 기억할 것입니다. 끝으로 마지막 드렸던 찬양의 가사를 나누며 글을 맺습니다.

> 생명의 시작 죽음까지 다스리는 분
> 시간의 주인 영원까지 살아계실 분
> 세상이 끝나도 영원토록 찬양받으실
> 하늘에서 우리 주와 함께 노래하리라
> 위대하신 주, 주의 영광 온 땅 넘치네
> 그 빛난 영광 영원토록 밝게 빛나리
> 찬양 할렐루 찬양 할렐루 존귀와 영광 모두 주님께
> 찬양 할렐루 찬양 할렐루 영원히 높임 받으소서…

성도현 목사님을
기억하며…

이광천(전 서울침례교회 동역자, 현 중앙아시아 선교사)

'저 아저씨는 누구시지?'
오래되어 보이는 남루한 체크무늬 자켓에 구김 있는 양복바지를 입고 계셨다. 그리고 푸근한 웃음을 지으며 젊은 신학생들과 청년 사역자들을 바라보고 있었다. 이 나이 든 아저씨가 성도현 목사님이며 나의 인생에 중요한 시간을 함께 보낼 분이라는 것을 그때(신학생 시절)는 알지 못했다.

첫인상처럼 성도현 목사님은 항상 편안하고 격식 없게, 젊고 어린 부 사역자였던 나를 대하셨다. 잘 모르는 것도 많고 목회의 경험도 적었던 나를 신뢰해주시고 성장할 수 있도록 도와주셨다. 때로는 자신의 생각과 다른 계획과 건의를 할 때도 충분히 듣고 넓은 마음으로 설득당해 주셨던 분이셨다. 가까이서 함께 사역한 목회자로서 성도현 목사님을 기억해 보고자 한다.

첫째, 설교의 기초: 복음

성도현 목사님의 설교는 복음에 기반한 설교였다. 강단에 서는 늘 복음의 본질인 예수님의 죽으심과 부활을 강조하셨다. 성경 어떤 본문에서도 복음과 예수 그리스도, 그리고 성도들의 구원에 대해서 빠짐없이 언급하셨다. 급격한 변화 속에서 세속화되고 세련된 한국교회의 분위기와는 사뭇 다르게 복음만이 전부이고 예수 그리스도만이 유일한 소망임을 설교 때마다 외치셨다.

이런 성도현 목사님의 설교는 헌신된 사람들이 모이는 곳에서 특히 강한 능력이 나타났다. 청년 연합 집회나 목회자들의 모임, 또한 선교지에서는 등에서는 엄청난 도전을 주었다. 복음의 본질을 강조하고 예수님의 주되심을 선포할 때, 주님께 헌신된 자들이 힘과 능력을 얻는 것을 매번 확인할 수 있었다.

둘째, 사역의 능력: 기도

솔직하게 말하자면 성도현 목사님은 사역의 기술이 다양한 분은 아니었다. 또한, 지속적으로 괴롭혔던 육체의 가시가 있었기 때문에 그가 가진 능력의 많은 부분이 발휘되지 못한 점은 지금도 아쉽게 생각한다. 필자와 함께 했던 사역 마지막 기간 성도현 목사님 사역의 능력은 기도였다. 필자는 매일 새벽예배 시간에 강단에 앉아 오랜 시간 기도하던 성도현 목사님의 뒷모습을 기억한다. 목사님은 늘 자리를 지키셨다. 자신이 감당해야 할 사역의 무게를 감당할 힘을 달라고, 육신의 연약함을 이길 힘을 달라고, 자신에게 엄청난 스트레스를 주었던 성도의 이름을 부르며 축복하고 중보하던 기도 소리가 지금도 생생하다. 늘 주님께 모든 것을 가지고 나아가 기도했고 늘 주님의 이름을 부르며 간구하였다.

세 번째, 사역의 열매

성도현 목사님은 사역의 열매가 많다. 젊은 시절부터 해오시던 제자훈련, 강조했던 복음과 선교적 삶을 통해 헌신한 많은 사람이 현재 선교지, 사역지를 불문하고 많은 영역에서 사역을 감당하고 있다. 그 열매들을 통해 교회들과 연합하는 사역을, 선교사역, 지원 사역 등을 감당하셨다. 언젠가 목사님을 모시고 지방에 가던 중 고속도로 휴게소에서 갑자기 한 분이 예를 갖추어 인사하는 모습을 보았다. 알고 보니 젊었을 때 목사님께 배움을 얻고 목회자로 헌신하셔서 사역하시던 분이셨다. 그뿐만 아니라 세계 곳곳에서 성목사님의 가르침과 영향을 받고 헌신하여 사역하시는 선교사님들, 목회자들이 많았고 그들이 늘 찾아뵙고 존경과 감사를 마다하지 않았던 것을 기억한다. 그러나 사역의 열매가 많고 풍성한데 그 열매를 누리지 못하시고 빨리 하나님의 부름을 받은 것이 아쉽기만 하다.

춘천의 한 병원에서 2019년 겨울 마지막으로 성도현 목사님을 뵈었다. 이후에도 뵐 기회가 있었지만, 건강 악화로 인해 자주 뵙지 못함이 참 아쉽기만 하다. 그 마지막 만남에도 사역 전략과 비전을 나누어주시며 축복해 주셨던 것을 기억한다. 본인이 아픈 상황에서도 늘 복음과 세계선교를 생각하셨던 분으로 기억한다. 아마 지금도 여전히 푸근한 미소를 지으며 예수님과 복음과 선교를 논하고 계시지 않을까?

필자는 2013년부터 2016년까지 서울침례교회에서 부목사로 성도현 목사님과 함께 사역했으며 지금은 성도현 목사님의 인도를 받아 중앙아시아 카자흐스탄 선교사로 사역 중에 있습니다.

성 목사를
회상하며…

김형윤(전 서울제일교회 담임목사)

"살아온 날은 행복이고, 살아갈 날은 축복이다"(미상)

　내가 성 목사를 처음 만난 것은 대전 목동 캠퍼스에서였습니다. 지금도 또렷하게 기억 나는 건, 구수한 경상도 사투리가 섞인 억양으로, 만면에 환한 미소를 머금고 조금도 꾸밈 없는 천진난만한 얼굴로 자기를 소개하던 모습이었습니다. 그런 그 모습은 성 목사의 평생토록 변치 않는 아름다운 모습입니다.
　한눈에 보기에도 좋은 사람이라는 걸 단번에 알아챌 수 있었지요. 그 후로 오랫동안 성 목사를 알고 지내면서 그때의 확신이 옳았다는 생각을 여러 번 했습니다. 그와 가까워지기 시작한 것은 성 목사가 대덕 연구단지에 '늘사랑교회'를 개척하고 얼마 되지 않아서 부흥회 강사로 가게 되면서부터입니다. 그 이후로 우리는 자주 만났고 교제했지요. 건강하게 부흥하고 있던 늘사랑교회를 사임하고 미국으로 갈 때까지 우리는 수시로 연락을 주고받는 친밀한 사이가 되었습니다. 미국으로 간 다음부터는 오랫동안 서로 직접 왕래하거나 얼굴을 보며 교제하지는 못했지만, 늘 내 마음속에 자리를 잡고 있었던 사람이 성 목사입니다.

성 목사는 내가 첫 목회를 했던 충주에도 가끔 다녀가곤 했는데 목회와 관련한 대화를 솔직하게 허물없이 나누면서 우리는 주 안에서 형제의 사랑을 깊이 나누며 서로 위로받곤 했지요. 형제의 사랑을 나눌 수 있어 기쁨이었고 큰 힘이 되었습니다. 그는 때로 목회의 고충을 털어놓기도 했는데, 구수한 된장국 스타일인 성 목사는 버터 냄새나는 유학파들이 많았던 늘사랑교회 멤버들과 물과 기름이 서로 겉돌 듯한 간격이 있었는데, 그것은 근본적으로 다른 가치관과 문화의 차이에서 오는 것으로 보였지요(그런 중에도 목회를 열심히 잘해서 교회는 꾸준하게 부흥이 되었습니다.).

　지나칠 정도로 순수하고 꾸밈이 없었던 그는, 계산적으로 미리가 핑핑 잘 돌아가는 사람들을 담아내기에는 너무 단순하고 솔직하고 정직한 사람이어서 그런 갈등이 더 컸던 것 같습니다. 그러다 보니 때때로 상처도 받고, 그로 인해서 회의에 빠지고 힘들어하기도 했지요.

　그렇게 세월은 흘렀고, 각자의 삶과 사역에 새로운 변화가 있었는데 사역지 변동이었습니다. 대공원교회의 이준행 목사가 서울로 오게 된 후, 얼마 후에 나도 서울로 왔고, 몇 년 후에 미국에서 귀국한 성 목사도 서울교회로 부임하게 되어서 서울 생활을 하게 되었습니다.

　셋이 의기투합해서 두세 달에 한 번씩 만나서 칼국수나 보리밥 또는 냉면을 먹으면서 이런저런 이야기꽃을 피우며 서로 격려와 위로를 나누곤 했지요. 비록 길지 않은 시간이었지만 그때가 행복했고 무척 좋았습니다. 서로 알아주고 마음이 맞는 동역자가 있다는 건 엄청난 축복이자 큰 힘이니까요. 아마도 두고두고 생각이 날 것 같네요.

　성 목사가 서울교회로 부임한 후에 교회는 더욱 건강해지고 부흥이 되었지만, 정작 자신의 건강은 그다지 좋지 않았습니다. 자신을 돌보지 않고 목양 일념으로 하루하루 최선의 삶을 살고 있었던 성 목사가 내 눈에는 삶을 달관한 사람처럼 보였습니다. 영원하신 하나님 아버지의 나라에 소망을 확고하게 갖고 있었던 그는 아등바등 살려고 발버둥 치지 않았으니까요.

그에게는 하나님의 나라가 기쁨이고 아름다운 기다림이었겠지만, 우리에게는 아쉬움이 크지요. 교단적으로 볼 때도 큰 손실이 아닐 수가 없습니다. 내가 목회하던 서울제일교회에서 4일간 부흥회를 할 때, 성 목사를 강사로 초청했는데 낭랑한 음성으로 원색적인 복음을 담대하게 감동적으로 선포하던 그 모습이 아직도 영화의 한 장면처럼 생각이 나고 기억나 그립습니다.

성 목사처럼 때 묻지 않은 복음 전도자가 너무도 필요한 시대인데…, 그런 면에서 그의 떠남이 더욱 아쉽기 이를 데 없습니다. 우리는 아쉬운 인재를 잃은 셈이니까요. 그는 떠났지만 그를 통해서 말씀으로 양육을 받고 자라난 동역자가 그의 뒤를 이을 날이 반드시 올 것을 믿습니다.

성 목사를 생각하면 항상 먼저 생각나는 것은 그의 편안한 너털웃음과 해맑은 미소와 순수함입니다. 사람을 편안하게 해주고 마음을 열게 하는 친근한 매력이 그의 장점이지요. 계산하지 않는 그의 순수함과 복음에 대한 열망이 얼마나 그리운지요.

　비록 성 목사가 지금은 없지만 누가 유고집이라도 출판해서 후세에 남긴다면 한국교회에 소중한 자료가 되지 않을까 싶습니다. 이제 성목사를 이 땅에서는 다시는 볼 수 없지만, 언젠가 그를 하나님의 나라에서 만날 때, 우리가 당신 몫까지 열심히 살다 왔노라고 말할 수 있기를 원합니다. 성 목사를 회상하며 글을 쓰다 보니 어디선가 그의 음성이 들리는 듯합니다. "형님, 저 여기 잘 지내고 있으니 걱정하지 마세요. 나중에 기쁘게 만나요"라고 호탕하게 웃으며 저만치서 성목사가 달려오는 것 같네요. 성 목사! 당신이 정말 보고 싶으오.

"친구란 무엇인가? 두 개의 몸에 깃든 하나의 영혼이다"
- 아리스토텔레스

도현 형을
생각하며…

정연택(카자흐스탄 선교사)

형님! 이 땅을 떠나신 지 벌써 한 해가 넘었습니다.
형님을 제가 처음 뵌 것은 대학생 때였지요. 그때 제가 다니던 교회 청년대학부 여름수련회 때 땅땅하고 다부진 전도사님 한 분이 강사로 오셨는데 바로 형님이었지요. 수련회를 앞두고 제가 최성균 전도사(현, 동백 지구촌 교회 목사)에게 이번 강사님은 어떤 분이냐고 물어봤더니, 성도현 전도사님이라는 분이 있는데, 신대원에서 인기가 많고 또 여러 교회에 강사로 자주 초빙되는 유명한 분인데 특히 설교를 잘하시는 분이라고 했어요. 수련회가 진행되면서 저는 형님이 어떻게 그런 설교를 쏟아내는지 신기하게 느껴졌어요. 주님을 위해 전 생애를 저렇게 바치며 살 수 있는 게 놀랍기만 했어요. 그때부터 저도 제 삶에 대해 더 깊이 생각하기 시작했던 것 같아요.

제가 소명 받고 신대원에 입학했을 때, 형님은 대전에서 교회를 개척하셨지요. 형님을 찾아갔더니, 형수님과 함께 저를 따뜻하게 맞아 주시면서 교회 안부도 물어보시고 신대원에 잘 왔다고 격려해 주셨죠. 형님은 당시 선교사들도 별로 없었던 시절에 선교에 대한 열정을 정말 많이 가지고 계셨던 것으로 기억이 납니다. 남다른 열정으로 제자훈련도 하셨고 학교에 오셔서 강의도 많이 하셨고요. 형님은 어떤 유형의 목회자라고 생각하시는지 제가 물어봤을 때 설교자라고 확실하게 말씀하셨는데 그 당시 전도사들이 형님에 대해서 모두 다 힘 있는 설교자라는 말들을 많이 하고 있었던 터라 깊이 공감했던 적이 있었습니다. 형님은 정말 어떻게 그렇게 힘있게 설교하셨는지 진작 더 자세히 물어봤더라면 하는 아쉬운 마음이 지금도 있습니다.

저는 졸업하고 바로 선교훈련원으로 갔고 그곳에서 선교훈련에 온통 집중하며 지냈지요. 그 후 카자흐스탄으로 갔는데, 사역 초기에 형님이 저희 사역지를 방문하여 격려해 주셨고 나중에는 신학교 강의도 하시면서 선교를 위해 많은 사역을 하시던 중 주님께서 저희 가정을 통해 '캠미션(CAM)'을 설립하셨습니다. 그 후 두 번이나 오셔서 주 강사로 섬기면서 소수 미전도 M 종족들 가운데 사역하고 있는 많은 현지인 사역자들과 한국인 선교사들에게 큰 도전을 주기도 하셨지요. 나중에 어떤 사역자들은 형님이 언제 다시 오시는가 묻기도 했습니다.

　형님은 말씀 얘기만 시작하시면 평소의 너털너털한 모습은 순간 온데간데없이 사라지고 바로 엄격해지셨는데 그만큼 말씀을 사랑하셨고 그래서 설교자라는 호칭이 더 어울리는 것 같다고 생각했습니다. 초창기 선교사들이 한국으로 돌아가기도 하고 다른 지역으로 사역지를 옮기는 것을 보시고 제게 무슨 계획이 있느냐고 물으셨을 때 저는 한 곳에서 계속 사역을 하겠다고 말씀드렸더니 형님께서 저는 바울과 베드로와는 달리 요한처럼 조용히 현장에서 계속 사역하는 것이 맞는 것 같다고 하시면서 격려해 주셨죠. 제가 요한처럼 쓰임 받는다는 것은 어불성설이지만 그때 저는 정말 현장 사역자로 남겠다고 생각했고 지금도 같은 생각으로 주님을 따라 걷고 있습니다.

　형님은 군인처럼 강인하기도 하셨지만, 정이 많으시고 자녀들에게는 매우 자상한 아빠이셨죠. 특히 생각나는 것은 언젠가 카자흐스탄에 오셨을 때 은혜가 좋아하는 치즈를 마켓에서 열심히 찾으시다가 발견하자, 몹시 기뻐하셨던 일이 생각납니다. 연익이와 연지 얘기도 자주 들려주셨는데 제게 많은 도움이 되었습니다. 저는 형님께 나중에 은퇴하시면 글쓰기를 좋아하시는 형수님과 카자흐스탄에 오셔서 천산 가까이 사시라고 하셨더니, 모든 것은 주님께서 허락하셔야 하는 일이라며 웃으셨죠.

　미국에서 이민 목회하시다가 한국으로 귀국하셔서 서울침례교회의 초빙을 받아 목회를 시작하셨을 때, 형님께는 어느 때보다 주님을 더 가까이하는 시간이었다고 기억납니다. 자주 아프셔서 병원에 여러 번 입원하시면서도 조금 괜찮아지면 선교지에 오셔서 말씀 사역에 전념하셨죠. 목회하시면서 주님께서 허락하시는 많은 힘든 기도 제목을 안고 주님과 함께 더 깊은 교제를 하셨죠. 또 시무하시던 교회로 선교사들을 자주 초청해 말씀과 간증을 나누도록 시간을 주셨던 일이 지금도 눈앞에 선합니다. 교회를 방문할 때마다 밥도 사주시면서 격려의 말씀도 많이 주셨던 것을 기억합니다. 형님 말씀이 지금도 곁에서 들리는 듯합니다.

형님 같은 설교자가 이 땅에 오래 머물면서 말씀 사역을 한다면 참 좋겠는데 주님께서 일찍 불러올리신 것은 나중에 가서나 이해가 될 것 같습니다. 구름 떼와 같이 많은 증인 속에 형님도 계심을 생각하며 형님과 같이 보내며 즐거웠던 시간들을 기억하고 있습니다. 형님의 이름은 이 땅의 묘비 위에만 새겨져 있는 것이 아니라 천국의 생명책에도 기록되어 있으리라 생각합니다.

좋은 본을 보여주시고 떠나신 형님.

더 자주 교제하지 못하고 형님을 떠나보내 드린 것이 너무나 아쉽기만 합니다.

추모글

이태웅(한국선교 훈련원(GMTC) 초대 원장)

성도현 목사를 가까이에서 교제하기 시작한 것은 제가 미국 유학을 마치고 귀국해서 침례신학대학에 강사로 나가던 때로 기억합니다. 그 당시 저는 선교학을 가르치면서 성도현 목사를 포함한 제 선교학 수강생들과 늘 깊은 영적 교제를 나누면서 은혜를 받았던 생각이 떠오릅니다. 성도현 목사와 함께 선교학 강의를 듣던 대학원 학생 중에도 선교에 대한 열정으로 가득 차 있었던 다수의 학우가 있었던 것으로 기억됩니다.

그 당시 신학대학원 입학 시절에는 아직 침례교 선교부 소속 선교사훈련원이 없었던 때였습니다. 그러기 때문에 제가 매주 강의하러 대전에 내려갈 때마다 고 성도현 목사를 포함해 여러 수강생들은 자연스럽게 강의가 끝난 후 자신들끼리 스스로 선교 훈련을 했던 것으로 기억합니다.

지금 생각해 보니 그렇게 시작한 관계가 긴 세월 동안 다양한 관계로 발전했습니다. 얼마 전에는 오래된 사진을 정리하면서 성 목사와 함께 찍었던 사진을 우연히 보았습니다. 그 당시 구소련이 해체되자마자 모스크바를 거쳐서 중앙아시아(카자흐스탄, 키르기스스탄, 우즈베키스탄)를 기적적으로 들어갔을 때 찍은 것이었습니다. 그 사진은 성도현 목사가 모스크바에서 소련 병사 옆에 다가가서 예수님을 믿으라고 간절히 복음을 나눴던 장면이 있었습니다.

성도현 목사의 심령 속에는 영혼에 대한 사랑과 선교에 대한 열정이 늘 가득차 있었습니다. 성 목사는 자신의 삶 가운데 일어난 하나님의 역사를 말로, 때로는 그가 목양한 성도들을 통해서 분명하게 보여주고 있었습니다.

성 목사는 내가 놀랄 정도로 성도들을 격의 없이 대하고, 자유롭게 교제하였습니다. 그는 언제나 솔직하고 투명한 마음을 가진 사람이었습니다. 아마도 이런 이유로 나는 성 목사가 성도들의 마음을 얻고 있다는 강한 느낌을 받았던 것 같습니다.

이제 우리가 성 목사를 이 땅에서는 더는 보지 못하게 되었습니다. 하지만 우리는 그를 다시 만날 소망이 있으므로 절망하지 않고, 끝없이 애도만 하지도 않을 것입니다. 그리고 또 다른 한 가지는 누군가가 성 목사가 이 땅에서 말년에 겪었던 단말마 같은 고통은 어떤 의미가 있느냐고 문의 할 수 있습니다.

등산에 비유하면 우리가 하나님께 헌신했다는 것은 산 중턱쯤에 도달한 것이라고 볼 수 있을 것입니다. 우리가 하나님의 섭리 가운데 특별히 고난을 경험하게 되었다면 영적으로 볼 때 그것은 산 정상에 오른 것으로 비유할 수 있습니다. 다시 정리한다면 주님 안에서는 성도의 고난도 무의미하지 않다는 것입니다.

존 스토트도, 말콤 머그리지도 주님의 뜻 가운데서 겪는 성도의 고난은 의미가 있다고 주장한 바 있습니다. 성도현 목사도 이 땅에서 고난을 경험함으로써 예수님의 고난에 관해 조금이나마 더 깊이 깨달아 하늘에서는 주님의 곁에 앉아서 이렇게 질문을 할 수 있을 것입니다. "십자가상에서 얼마나 많이 아프셨나요?"

물론 우리는 고난을 일부러 추구해서는 안 됩니다. 또 우리의 고난은 주님의 고난과는 비교 대상이 될 수도 없습니다. 이별로 인해 마음이 너무 아프게 느껴질 때마다 이런 사실을 묵상하게 되기를 기원합니다. 사모님, 자녀들, 목사님께 위로받고 서로 은혜를 나누던 형제자매들과 성도현 목사를 사랑하는 모든 사람들에게 위로가 있기를 주님의 이름으로 축원합니다.

골로새서 3장 1~4절과 함께, 아멘!

> "그러므로 너희가 그리스도와 함께 다시 살리심을 받았으면 위의 것을 찾으라 거기는 그리스도께서 하나님 우편에 앉아 계시느니라 위의 것을 생각하고 땅의 것을 생각하지 말라 이는 너희가 죽었고 너희 생명이 그리스도와 함께 하나님 안에 감추어졌음이라 우리 생명이신 그리스도께서 나타나실 그 때에 너희도 그와 함께 영광 중에 나타나리라" _ 골로새서 3:1-4

사랑하는 성도현 목사님을 추억하며…

김성로(춘천한마음교회 담임목사)

어린아이처럼 순수하고 겸손한 성도현 목사님과 함께했던 시간이 어제 일처럼 생생한데, 성 목사님이 하나님의 부르심을 받은 것이 벌써 2년이 되어간다니, 정말 인생이 날아가는 화살 같습니다.

많은 분들이 여러 가지 이유로 우리 교회를 방문하셨지만, 그중에서 성도현 목사님을 특별히 기억할 수밖에 없는 것은 그의 맑고 겸손한 성품, 하나님 앞에서 진실하고자 했던 마음 중심이 너무나 특별했던 분이기 때문입니다.

2011년에 성도현 목사님을 처음 만났습니다. 오랜 시간 열정을 다한 목회에 많이 지쳐보였지만, 그 마음속에 있는 하나님을 향한 갈망은 결코 꺼질 수 없는 불이었습니다. 함께 식사 하면서 부활하신 예수님의 복음을 나누었습니다. 많은 목회자들이 이미 다 알고 있는 복음 메시지를, 강단도 아닌 사석에서 나눌 때면 영혼없는 대화처럼 느껴질 때가 많이 있습니다. 그런데 성도현 목사님은 어린아이처럼 간절하고 낮은 마음으로 말씀을 들으셨고, 놀랍게도 성목사님의 마음이 회복되고 시들었던 심령이 소생하는 것을 보았습니다.

성목사님이 서울 침례교회로 부임하시기 전, 제가 성목사님께 설교를 부탁한 적이 있습니다. 그때 성 목사님이 강단에서 이렇게 말씀하셨습니다.

"제가 미국에서 목회하면서 완전히 탈진되었어요. 당도 너무 높이 올라가고 온몸이 완전히 타버렸어요. 번아웃 되어 목회를 못 하게 돼서 한국으로 돌아왔어요. 당시 제가 패잔병 같은 모습이었어요. 내 인생이 마치 찌꺼기 같다는 느낌이 들었습니다.
그러던 어느 날 몸이 아팠을 때, 저와 긴밀한 관계에 있던 선교사님들이 함께 김성로 목사님을 찾아가자고 했어요. '해 아래 새것이 없어. 하물며 춘천에 뭐 선한 것이 있겠어?'라는 마음으로 찾아갔는데, 김 목사님은 뭔가 달랐어요. 부활의 주님에 대해서 말씀해 주시는데 그때 내 눈이 번쩍 뜨였어요. 제가 신학생들이랑 박사들한테 성경을 가르쳤던 사람이거든요. 그런데 그 순간 그것이 다 무너지는 거예요. 그러면서 부활의 주님에 대해서 새로운 눈에 띄어지는 거예요. 부활의 주님을 만났어요!

내 인생에 공허했던 부분이 바로 그 부분이었구나. 내가 가장 열심히 주님을 섬기고 주님을 따라간다고 말하면서도 뭔가 부족하고 뭔가가 되지 않고 뭔가 되는 것 같다가 무너지고, 어떤 인생의 결정적인 문제가 딱 오면 저는 도피해 버리곤 했어요. 그것에 부딪혀서 승리하지 못하는 저 자신의 모습. 여전히 내가 복음을 알고 율법이 십자가에서 다 그 효과를 상실했다는 것을 알면서도, 십자가에서 내가 죽었다는 것을 알면서도 그것이 왜 안 되느냐는 거예요. 왜 우리가 변화되지 않느냐고요. 남들을 보면서 말하는 게 아니라 나를 보면서 말을 했어요.

제가 아내와 같이 한마음교회 집회에 참석해서 형제들의 간증을 듣고 얼마나 울었는지 몰라요. 그러면서 제 삶에서 새로운 변화가 일어났어요. 그 후 미국 갈 일이 생겼는데 가는 곳곳마다 부활의 주님을 전했어요. 그랬더니 옛 성도들이 우리 목사님이 바뀌었다는 거예요. 당당해 보이고 확신에 차 있고 우리의 삶에 진짜 진정한 진리를 준다는 거예요.

여러분! 여기에 부흥이 있습니다. 부흥은 다른 것이 아니라 부활의 증인이 증거되는 것입니다. 사도행전의 역사가 부흥입니다. 그 부흥의 불길이 교회에 붙기를 원합니다."

성도현 목사님은 어느새 저와 함께 복음을 선포하는 동지가 되었습니다. 많은 목회자 세미나와 복음 선포의 자리에서 성 목사님은 든든하고 당당한 부활의 증인이었습니다. 성 목사님은 마치 오랜 시간 저와 함께 산 형제 같았습니다. 성 목사님은 나에게 격의 없는 형님 같다고 얘기했지만, 오히려 성 목사님이 바로 그런 분이었습니다. 선하신 하나님의 계획에는 틀림이 없고 의심도 없지만, 계속해서 성 목사님과 함께 이 복음의 길을 함께 걸었으면 얼마나 좋았을까 하는 아쉬움이 남습니다.

하나님 앞에 정직하고 겸손했던 성 목사님, 사랑하는 내 동생 같은 성 목사님!

많이 보고 싶습니다. 선한 싸움을 싸우고 달려갈 길을 마치고 주님 앞에 서는 날, 성도현 목사님을 반갑게 다시 만날 것을 믿습니다.

성도현 목사 간증